AF321749

DU

PERFECTIONNEMENT

DE LA LOI DE L'INDEMNITÉ,

DU 22 JUIN 1825.

Voyez le Précis de cet ouvrage renfermé dans la page suivante.

PAR N.-J. DE SARRAZIN,

Auteur de différens ouvrages dont la dénomination serait ici trop longue, et en outre de l'Aratus de Sicyone, fragment historique qui a tant de rapport à la loi de l'indemnité, qu'il a précédé de plusieurs années.

———

A METZ, CHEZ PIERRET, IMPRIMEUR.

PRÉCIS

Des objets sur lesquels repose le perfectionnement
de la susdite Loi.

———————

La loi de l'indemnité du 22 Juin 1825, promettant une deuxième loi, pour rectifier les vices
conséquens dont elle avoue l'existence ; on donne
les moyens pour que cette loi en opère véritablement la rectification, par la distribution d'une remanence avouée à peu près de 325 millions, et
pour que cette distribution soit faite avec la plus
stricte équité, et prévenir que la deuxième loi
promise ne soit pire que la première.

Le deuxième degré de perfectionnement à donner à cette loi, serait d'obtenir de tous ceux qui
ont des droits à une remanence aussi considérable,
de consentir qu'il en soit déduit 20 ou 25 millions ;
ce qui calcul bien établi donnerait une rente viagère
de 300 fr. environ à tous les émigrés privés de
pension et de retraite, et qui se trouve jusqu'ici
exclus de toute indemnité, quoiqu'ils eussent perdus ainsi que tous les autres, pour la même cause,
tout ce qu'ils possédaient ; et l'Etat, se chargeant
de cette rente viagère, à raison de six ou sept pour
cent, y gagnerait considérablement, vu leur vieillesse et leurs infirmités.

Le troisième degré de perfectionnement dont
est encore susceptible cette loi, consiste à con-

vertir la liste civile accordée au Roi, en une indemnité pour la perte des domaines territoriaux dont aujourd'hui la couronne se trouve privée par l'effet de la révolution ; ce qui consiste uniquement à convertir cette liste civile en une créance sur la dette publique, de même rapport et d'un capital y relatif. Ceci n'est nullement accroître les charges de l'Etat au-delà de ce qui est accordé aujourd'hui ; par ce moyen la dette publique éprouverait une double garantie, et nos institutions une très-grand amélioration dont elles sont susceptibles, vu qu'il est de la justice, de l'intérêt, de l'honneur et de la dignité de la nation, que son Roi soit indépendant, que ses propriétés lui soient garanties ainsi qu'à tous les autres Français, si on veut le mettre à même de garantir celles de ses sujets.

Or, l'Auteur espère qu'on ne lui reprochera pas d'avoir été trop long, pour avoir traité de si divers et importans objets à fond et avec le plus grand détail, accompagnés de longs calculs qu'il ne tient qu'à vérifier, et cela dans une aussi mince brochure que celle-ci.

TRÈS-HUMBLE SUPPLIQUE

AU ROI,

ET PÉTITION AUX DEUX CHAMBRES

ET

A MONSEIGNEUR LE MINISTRE DES FINANCES.

SIRE,

Et vous illustres Pairs de France, et Messieurs les très-honorables Députés des départemens, et votre Excellence Monseigneur le Ministre des Finances,

VEUILLEZ bien me permettre d'avoir l'honneur de vous exposer que par la loi du 27 Avril 1825, un milliar, sans qu'il puisse en être rien retranché ni qu'il puisse y être rien ajouté, étant affecté à l'indemnité due aux français révolutionnairement dépossédés de leurs propriétés territoriales foncières situées en France; qu'alors d'après les principes de la simple et naturelle équité et les règles reçues en saines mathématiques, la totalité de ce milliar doit leur être distribué, en raison de ce que chacun a perdu.

Or, si ces pertes réelles particulières et leurs sommes totales qui resteront à jamais incalculables avaient été connues, rien n'était si simple que la répartition de ce milliar, en disant : la somme totale de ces pertes est à un milliar, comme la perte particulière d'un chacun est à un quatrième terme cherché sa part et portion dans ce milliar ; mais le défaut de connaissances des pertes réelles et de leur montant, ne sont nullement dans le cas d'embarrasser un mathématicien ; pourvu qu'on lui fournisse les moyens de leur substituer des valeurs proportionnelles et reconnues comme telles, ainsi que dix-huit fois le revenu ou le prix de la vente des biens ou toutes autres quelconques, comme le simple revenu de 1790, ou la dix-huitième partie du prix de la vente de son bien, ce qui donnerait à chacun la même part et portion dans ce milliar, dont cela n'est pas dans le cas d'accroître ni de diminuer le montant ; de sorte qu'on s'égarerait singulièrement si on croyait ces pertes fictives et purement proportionnelles soient par elles-mêmes la part et portion d'un chacun dans ce milliar, tandis qu'elles ne sont propres qu'à la déterminer.

Mais il paraît que c'est ce que n'a pas parfaitement compris le rédacteur de la loi sur l'indemnité et que c'est ce qui l'a effrayé et déconcerté, au point de lui faire prendre une route tatonneuse et tortueuse dont il a pressenti confusément les défectuosités, et qu'il pouvait en résulter une remanence qui n'aurait pas dû avoir lieu ; c'est pourquoi il a promis une deuxième loi relative et supplémentaire, propre à la rectifier.

Cependant jusqu'ici il n'y a pas encore eu de mal réel de fait, parce qu'on n'a distribué à un chacun que des valeurs proportionnellement relatives à ses pertes réelles ; savoir : dix-huit fois le revenu ou le prix

de la vente de ses biens ; ce qui est fort au-dessous
en somme de la valeur de ce milliar ; de sorte qu'il
est seulement question de prévenir que la remanence
qui en résulte ne soit pas distribuée comme elle doit
l'être, et ce, en abandonnant le mode selon lequel
on a commencé pour se précipiter dans un autre
mode qui serait absolument vicieux et arbitraire et
capable de favoriser l'intrigue.

C'est le motif pour lequel le suppliant ose vous
solliciter que cette loi à intervenir porte qu'après que
chacun aura été provisoirement liquidé de dix-huit
fois le revenu ou du prix de la vente de ses biens,
conformément au bordereau à lui délivré ; ce qui
restera de non employé de ce milliar soit distribué et
partagé, sans exclusion à un chacun des ayant-droits,
en raison de ce qu'il a perdu, ou ce qui revient au
même, à raison de dix-huit fois le revenu ou le prix
de la vente de ses biens qu'il a reçu, et ce, conformément aux bases adoptées et sans les abandonner ;
vu que ces bases ne peuvent faire la part et portion
d'un chacun dans ce milliar et qu'elles ne sont propres qu'à la déterminer ; à moins que la somme de
toutes ces allocations, sans excès ni déficit, telles
qu'elles ont été déterminées par les directeurs des
domaines, les préfectures et les commissions supérieures, ne donnassent juste la valeur de ce milliar,
ce qui ne pourrait être que l'effet d'un hasard réputé
impossible ; de sorte que c'est un milliar et non la
somme de ces allocations qui est affecté à l'indemnité.

Il suit donc de-là que cette remanence n'étant
constituée que des rognures faites à un chacun pour
ne pas risquer d'outre-passer ce milliar dans une

première distribution , que chacun y a droit , en raison de ce qu'il a perdu ; mais comme aujourd'hui l'établissement et la vérification des pertes fictives proportionnellement relatives aux pertes réelles et leur montant ou somme totale sont également connues , il n'y a plus d'obstacles à dire ; le montant de ces pertes fictives et proportionnellement relatives à ces pertes réelles est à la remanence , comme la perte proportionnellement relative d'un chacun dix-huit fois le revenu ou le prix de la vente de ses biens , est à un quatrième terme cherché sa part et portion dans cette remanence.

De sorte que chacun aura eu deux lots ou eu deux fois ce que l'on n'a pu obtenir d'un seul jet avant que l'établissement et la vérification de la perte proportionnelle et relative d'un chacun à sa perte réelle ne soit déterminée , mais une fois connue alors , non seulement cette remanence mais aussi la totalité de ce milliar , sans qu'il puisse en résulter un centime d'excès ou de déficit seront distribués en vertu des règles de la stricte équité prescrites en saines mathématiques et répartis à un chacun en raison de ce qu'il aura perdu , et cela aussi exactement que si on avait de prime-abord pu connaître parfaitement les pertes particulières d'un chacun et leurs sommes totales qui resteront à jamais incalculables et inconnues.

On ne peut s'écarter de la marche ci-dessus , vu qu'elle est l'unique prescrite en saines mathématiques , on peut supposer seulement que les bases proportionnelles et relatives aux pertes réelles d'un chacun adoptées pour la répartition de ce milliar , sont défectueuses pour un chacun en général et qu'on a eu tort de les employer envers qui que ce soit, et qu'il convient de leur en substituer généralement d'autres ; de sorte qu'après les avoir proclamées et adoptées comme ce qui pouvait être de mieux et en avoir fait un général et commun usage, ce serait aussitôt leur imprimer un caractère de réprobation et d'iniquité ainsi qu'à toutes les liquidations faites jusqu'ici, qui en sont les suites nécessaires.

Ce serait ouvrir un vaste champ à des réclamations aussi incertaines que couteuses, que la justice et la généralité des bases adoptées ont eu précisément pour objet de prévenir : ce serait de reehef recourir à un nouveau genre de répartition très-compliqué, sans aucun principe ni bases fixes et déterminées ; tandis que la marche ci-dessus indiquée n'exige qu'une simple règle de trois à l'égard de chaque indemnisé, et vu qu'il y a nombre d'émigrés dont dix-huit fois leur revenu ou le prix de la vente de leurs biens n'a pas même suffi a acquitter les dettes qui leur ont été rendues et que tout leur espoir consiste dans cette remanence.

Ce serait livrer à l'arbitraire la partie, sans contredit la plus essentielle et la plus claire et même pour un plus grand nombre, la totalité de ce qui est rendu à des malheureux qui ont tout perdu ; afin qu'elle puisse facilement devenir la proie de la faveur et de l'intrigue, ou ce serait sous un autre point de vue accuser les directeurs des domaines, les préfets et toutes les commissions supérieurs relatives à l'indemnité, de n'avoir pas rempli les devoirs qui leur étaient imposés ; différentes choses aussi révoltantes qu'inadmissibles, dont la réfutation plus développée ne peut être renfermée dans la briéveté d'une supplique.

Au surplus, le suppliant ne demande que ce qui, depuis la loi de l'indemnité a été dans un cas tout pareil reconnu comme ce qu'il y avait de mieux et de plus juste à l'égard des colons de Saint-Domingue; double motif pour lui d'espérer que tous les autres français seront traités avec la même équité et non avec différens poids et mesures.

De sorte que si la vérité et la justice exposées avec la plus grande simplicité dans cette supplique pouvaient encore laisser quelque chose à désirer, le suppliant ose vous prier d'avoir la bonté de jeter un coup-d'œil sur le mémoire ci-joint qui lui est annexé; et sa reconnaissance égalera son sincère amour et son profond respect pour Votre Majesté, et sa respectueuse confiance dans la justice et les lumières des deux Chambres, et de Son Excellence Monseigneur le Ministre des Finances.

C'est dans ces sentimens qu'il ose se dire,

Aussi fidèle sujet que soumis administré,

N.-J. DE SARRAZIN.

AVANT-PROPOS

DU MÉMOIRE

A L'APPUI DE LA PRÉSENTE SUPPLIQUE;

Renfermant les motifs qui nous déterminent à donner ce mémoire et le précis des matières, selon l'ordre dans lequel elles y sont présentées.

L'ART des sophistes est poussé si loin aujourd'hui que l'exposé de la pure vérité dans toute sa simplicité ne suffit plus pour détruire ni prévenir les coups que l'astuce et la perfidie sont toujours prêts à lui porter; sur-tout quand certains vices de rédaction qui se sont introduits furtivement dans une loi, leur en facilitent les moyens, sans quoi ma seule supplique m'aurait paru devoir rendre superflu ce mémoire : cependant il fera connaître bien des choses essentielles qui ne pouvaient entrer dans la briéveté naturelle d'une pétition.

J'ai d'abord dû commencer par me justifier contre l'inculpation de la malveillance qui n'aurait pu manquer de me reprocher d'avoir rendu ma supplique collective aux différens pouvoirs, dont dépendait son succès et l'existence et la rectification des lois, comme si la forme nouvelle de notre gouvernement ne l'indiquait pas, afin de ne négliger envers qui que ce soit ce qui lui est dû; il en est de même à l'égard de ceux qui chercheraient à dénigrer ma pétition sous le prétexte qu'elle n'est signée que de moi et non d'un grand nombre d'individus qu'elle pouvait également intéresser; reste d'idées révolutionnaires et d'une époque où l'on faisait consister le droit et toute justice uniquement dans la force et l'effroi que pouvait occasionner le grand nombre ou la multitude ; or, si les nombreuses signatures au bas d'une pétition ne sont plus aujourd'hui dans le cas d'en imposer à l'homme juste et sensé, toujours ne lui paraîtraient-elles que l'effet d'une complaisance moutonnière, qui s'est laissé entraîner par la suite de l'exemple et de l'influence souvent d'un seul homme,. mettant quelques intérêts à se faire chef de parti, lequel sentant la faiblesse de sa cause, a cherché à en pallier les vices en se faisant de ces nombreuses signatures une sorte de levier afin de faire dévier la justice du droit chemin qu'elle doit suivre et la diriger à son gré. Mais, dis-je, l'homme juste et éclairé loin de s'en laisser imposer par de tels moyens, n'en examinera qu'avec plus d'attention les doléances de l'être faible et isolé qui n'a cherché d'appui à sa demande que dans la stricte équité et la saine raison.

De sorte que vu la divergence d'opinion sur la nature de l'indemnité, sa quotité et sa répartition, et d'ailleurs plein de confiance dans la bonté de ma cause, la bienveillance de Sa Majesté, la justice des deux Chambre et du Ministère actuel, j'ai cru qu'il suffisait, le cas échéant, de leur offrir l'occasion d'ajouter une nouvelle palme de gloire aux différens trophées au moyen desquels ils se proposent d'éterniser leur mémoire ; et c'est le motif pour lequel j'ai cru ne devoir agir qu'en mon seul et privé nom.

Quand à ce qui concerne les matières et l'ordre dans lequel elles doivent être traitées dans ce mémoire, j'ai d'abord dû commencer par exposer les principes de justice et d'humanité et d'une saine politique, pratiquée depuis l'antiquité la plus reculée jusqu'à nos jours par tous les peuples civilisés, et en outre les appuyer de la Charte même, pour justifier la nécessité et la justice de l'indemnité ; puis ensuite rapporter textuellement les principaux articles de la loi de l'indemnité qui avaient le plus de rapport avec mon objet, afin de les concilier et d'en faire disparaître toutes contradictions entr'eux, ainsi qu'avec la stricte équité, lesquelles contradictions s'y étaient introduites en conséquence. de certains vices de rédactiou opposés également aux règles reçues en mathématiques, dont cette loi ne pouvait se passer de l'application, et cela, afin de donner à cette loi la seule interprétation dont elle était susceptible relativement aux principes d'une saine jurisprudence.

J'ai dû également démontrer que le montant des sommes non encore employées du milliar accordé, étaient nécessairement considérables après la distribution la plus exacte de dix-huit fois le revenu ou le prix de la vente faite à un chacun de son bien ; que pour celui qui n'avait eu aucune dette avaut l'émigration que sa part et portion dans cette remanence approchait d'être égale à ce qui lui avait été provisoirement alloué, et que pour celui qui avait plus ou moins de dettes avant d'émigrer que sa part dans cette remanence était la seule chose qu'il pouvait espérer d'effectif de cette indemnité qui puisse, le cas échéant, le mettre à même d'acquitter le reste des dettes dont il était reliquataire, d'après son premier bordereau et par conséquent de toute l'importance qu'il y avait à ce que cette remanence soit repartie avec la plus stricte équité.

Alors, après avoir rempli mon principal objet, lequel ne concernait nullement les malheureux émigrés privés d'avoir part au milliar accordé, j'ai néanmoins dû chercher le moyen de faire participer ces malheureuses victimes à une vingtaine de millions au moins à la remanence existente, après que chacun aurait été acquitté de dix-huit fois le revenu ou du prix de la vente de son bien, et de faire cette bonne action plutôt que de se disputer cette remanence avec une sorte d'indécence, suite nécessaire de ce qu'on a cherché à la livrer à l'arbitraire afin qu'elle puisse facilement devenir la proie de la faveur et de l'intrigue.

De sorte que j'ai cherché à terminer ce mémoire d'une manière conforme aux principes que j'ai émis dans mon Aratus de Sicyone, qui n'a été si favorablement accueilli par Louis XVIII, que par la conformité de ses sentimens avec ceux de mon héros : ce qui est d'autant plus incontestable, c'est qu'il a

bien voulu me faire remercier de mon envoi, et qu'ensuite il n'a pas tardé de manifester le désir de vouloir fermer les plaies de la révolution.

En conséquence des principes ci – dessus établis ,
pour donner à la loi de l'indemnité toute la perfection dont elle est susceptible sans sortir des bornes
où elle était circonscrite , j'ai dû demander et faire
la proposition aux deux Chambres , d'indemniser la
Couronne et le Roi comme le premier d'entre les
émigrés , sans qu'il puisse en résulter aucunes nouvelles charges pour l'Etat, et cela non seulement par
la convenance de donner à la loi de l'indemnité tout
le complément et toute la perfection dont elle était
susceptible , mais en outre pour concourir essen-
tiellement à l'amélioration de nos institutions ; et c'est
en conséquence que j'ai converti la fin de ce mémoire
en pétition , seulement envers les deux Chambres.
Or, tant de différentes choses ne pouvaient être que
le sujet d'une brochure , et l'on sera peut-être étonné
de sa briéveté si l'on considère la multitude et la
diversité des objets dont elle traite de la manière la
plus approfondie.

MÉMOIRE.

Nombres d'Emigrés, mendiant pour ainsi dire l'aumône à la porte de leurs anciens châteaux, se résignaient depuis longues années sans murmurer à leur triste sort, vu sur-tout la cruelle catastrophe des cent jours qui avait obéré la France jusqu'au dernier point ; néanmoins c'était sans désespérer de la tendre sollicitude du Roi dont ils recevaient autant que possible des marques, et de la justice de la nation régénérée aux plus nobles sentimens par son retour à la légitimité, les émigrés les plus sensés se seraient même refusés à une indemnité prématurée et qui par sa nature eût été dans le cas de compromettre le salut de la France et de ceux auxquels elle aurait été destinée ; ils mettaient donc tout leur espoir et leur consolation à voir insensiblement toujours la France plus prospérer par l'heureux effet de la restauration, d'autant plus qu'ils ne doutaient pas que l'intérêt de l'humanité et l'équité naturelle ne voulussent unanimement qu'à la suite des divisions intestines survenues dans les états pour causes d'opinions politiques, que les différens partis ne dussent se rapprocher par de mutuels sacrifices, afin de faire oublier par leur modération, autant que possible, tous les maux occasionnés par des révolutions, c'est le vrai moyen de prévenir toutes réactions ; tels furent les principes de Louis XVIII.

Le premier exemple d'une si sage politique que nous ait transmis l'antiquité la plus reculée, nous a été donné par Aratus de Sicyone, dont Cicéron disait : O, grand homme, que n'étais-tu Romain ! Après les proscriptions de Sylla et les encans publics qui s'ensuivirent, Cicéron invoqua avec succès les principes ci-dessus, pour rentrer dans sa propre maison : ces exemples et ces principes se sont introduits en pareil cas chez tous les peuples et toutes les

nations, en raison de leurs lumières et de leur civi-
lisation. Ils furent même invoqués par une des as-
semblées les plus virulentes durant la révolution en
faveur des protestans auxquels elle rendit les biens
non encore vendus et qu'il était en son pouvoir de
disposer, et même par Bonarparte, qui rendit aux
émigrés une certaine partie de leurs biens non vendus, sous la conditions de rentrer.

La Charte vint enfin consacrer ces principes en
garantissant la vente des biens dits nationaux, ce
qu'il eût été ridicule de faire à l'égard des autres
biens dont on s'était librement et volontairement
dépossédé, et cette garantie n'était nécessaire qu'en
attendant qu'une indemnité accordée aux révoltion-
nairement dépossédés, vint légitimer la possession et
l'acquisition de ces sortes de propriétés : la Charte
a donc par cela même prescrit d'une manière posi-
tive plutôt qu'implicite, la justice et la convenance
d'une indemnité. C'est pourquoi un héros, un de ces
hommes qui a le plus contribué à faire honorer le
nom français et auquel il ne manquait plus d'autre genre
de gloire à acquérir que de se montrer le digne émule
des Aratus et des Cicéron, osa le premier élever la
voix en faveur de cette indemnité, et comme il est
assez connu, nous éviterons ici de le nommer pour
ne pas blesser sa modestie.

Alors Ariman, ce génie du mal, qui a enfanté
toutes les calamités de la révolution, frémit de rage
à la voix de notre héros, et ne réussit que trop à
le comprimer. Quoi, dit-il! après avoir expulsé deux
fois de la France les Bourbons, et du tems de Bonaparte, leur avoir arraché jusques dans un autre
hémisphère certaines îles, ce qui restait de leur vaste
empire, y avoir planté de mes propres mains le drapeau tricolore, et abattu le drapeau blanc qui y
flottait encore, et persécuté au plus haut degré les fidèles
colons qui s'obstinaient à le défendre, et les avoir
sévèrement punis d'avoir préservé tous les blancs de
ces colonies d'être entièrement massacrés par les
noirs ; je verrais Orosmas, mon rival, triompher de
moi et détruire mon ouvrage si je ne redoublais

d'efforts pour parvenir à détruire tous les effets de la restauration.

C'est pourquoi que lorsque Louis XVIII voulant pressentir quelle était l'opinion publique en France, dit qu'il désirait enfin fermer les dernières plaies de la révolution, qu'alors ce même Ariman osa soutenir que par ces paroles il n'avait pas entendu vouloir venir au secours des émigrés, et que même il fit un crime à ce qu'il y avait de plus honorables députés d'avoir cherché à seconder les intentions bienfaisantes de Sa Majessé ; de sorte qu'il les accusa d'avoir voulu usurper sur le Roi le droit de présenter les lois, comme si la Charte n'autorisait pas les deux Chambres, et même tout simple particulier, à supplier le Roi de présenter telle loi ; ce qui est fort différent que de l'y contraindre. Néamoins, ce fut sur de si ridicules prétexte qu'Ariman réussit à priver Louis XVIII de jouir de son vivant de l'accomplissement du plus cher de ses vœux ; ce qui prouve quel était à cette époque tout le pouvoir de ce méchant génie en France.

Mais malgré cela, l'heureux état de santé de Charles X, et sa tendre sollicitude pour de si fidèles sujets, qui avaient tout sacrifié au maintien de la religion, de la légitimité et des lois antiques et sacrées de leurs pères, et d'un ordre de choses que la France d'elle-même avait été forcée de rétablir pour son propre salut, et arrêter tous les maux de la révolution, ne permirent pas à ce digne héritier des vertus de Henri IV, de consentir que cette belle France restât plus longtems en arrière de l'exemple que lui avait donné tous les peuples voisins de réparer les maux d'une révolution que nous leur avions inoculée ; et la majorité de la nation devenue constituée de bons et loyaux français se réunirent à leur Roi, pour voter une indemnité en faveur des honnêtes et innocentes victimes de la révolution. Tel est le précis fidèle de ce qui a précédé la loi de l'indemnité et des motifs qui en établissent la justice, la convenance et la nécessité.

Alors ce même Ariman forcé, malgré son indignation, de souscrire à une indemnité, n'eût plus d'autres ressources que d'user de la plus perfide hypocrisie et que d'affecter de seconder les vues d'Orosmas, afin d'obtenir quelques influences sur la rédaction de cette loi, et de la dégrader et dénaturer autant qu'il le pourrait ; d'y introduire aussi l'arbitraire, pour disposer à son gré de la plus grande partie du milliar accordé en faveur de ses créatures, sous le prétexte de quelques pertes d'ailleurs plus que compensées qu'ils avaient éprouvées durant une révolution qu'ils avaient eux-mêmes contribué à opérer. De sorte que même cet Ariman n'aurait pas mieux demandé que de pouvoir agraver les sacrifices de la France au-delà de ce qui était juste et nécessaire, afin d'en pouvoir disposer à son gré. Telles furent, on n'en peut douter, les vues d'Ariman lorsqu'il fut forcé de souscrire l'indemnité. Reste à ceux qui examineront à fond la loi qui existe aujourd'hui à ce sujet, de voir à quel point il a été déjoué dans ses affreux projets par la sagesse du Roi et des deux Chambres, ce qui nous entraînerait trop loin hors de notre objet, et nous oblige à renvoyer à cette note (*).

(*) Nul doute que si Ariman eût été entièrement maître de rédiger cette loi, à laquelle il s'est enfin vu forcé de souscrire, qu'il n'eût évité qu'il soit question d'indemniser le Roi et la Couronne des domaines qu'il tenait de ses illustres aïeux, ainsi que cela était tout simples et naturel, comme le premier d'entre les émigrés ; ce que n'eussent pas manqué de faire les honorables Députés auxquels il a su dans le tems imposer silence, et ce afin de donner de plus grandes preuves de sa haîne envers la royauté, en cherchant à ne rendre le Roi en France qu'un grand pensionnaire, qu'un Statouder, qu'un doge, ainsi que cela eut autrefois lieu en Hollande et à Venise, vu qu'il n'aurait cherché qu'à rendre son existence précaire et dépendante, et réductible au plus petit pied à chaque renouvellement de règne ; tandis qu'il n'y a rien de si simple que de convertir la liste civile en une indemnité, comme propriété de la Couronne, par une créance de même rapport, et d'un capital relatif sur la dette publique, ce qui n'aurait nullement agraver les charges de l'Etat ni diminuer le milliar accordé aux autres émigrés ses sujets.

Pour satisfaire sa haîne implacable contre l'émigration, c'est que s'il avait consenti à l'indemniser, il aurait cherché à priver de toute indemnité des malheureux émigrés, qui par les mêmes motifs et les mêmes causes auraient perdu leurs propriétés sous le vain prétexte qu'ils avaient reçu la naturalisation en pays étrangers, comme s'ils

Du reste on doit se rappeler que lorsque le projet de cette loi parut à l'examen des deux Chambres, quel étrange étonnement il produisit sur les meilleurs esprits qui s'empressèrent de chercher à le rectifier par nombre d'heureux changemens, ce qui mécon-tenta tellement Ariman qu'il menaça de faire retirer cette loi, ou plutôt de la retirer lui-même, si l'on voulait continuer de l'amender et de l'améliorer. Or, ceci ne laisse aucun doute sur ce qu'étaient alors sa puissance et ses perfides intentions.

D'ailleurs la loi du 22 Juin 1825, sur l'indemnité, promettant elle-même une deuxième loi qui en rec-tifierait les défectuosités, c'est ce qui nous autorise doublement d'en rapporter textuellement les princi-paux articles, afin de faire ressortir les contradictions.

---

n'y eussent pas été forcés, pour acquérir quelque part un domicile et des moyens d'existence. Il eût également excepté d'avoir part à l'indemnité tous émigrés qui n'avaient pour toute fortune que du mobilier et des créances sur l'État ou sur particuliers, malgré que l'État en eût touché le montant ou se les soit adjugées par confusion à son profit, comme si cela n'était pas aussi facile à constater que le prix de la vente des biens territoriaux.

Bien plus la loi qu'il eût proposée aurait été uniquement en faveur des acquéreurs de biens nationaux, pour les récompenses de leur patriotisme, et sur-tout en faveur des créanciers des émigrés, pour les mettre, presqu'entièrement dépouillés, aux prises avec d'anciens débiteurs qui avaient cessé de l'être, comme n'ayant pas défendu le gage qui leur était donné, et avoir souffert que la nation se chargeât de les acquitter. De sorte que dans tel cas il aurait tout au plus admis les émigrés à assister à un compte avec leurs ci-devant créanciers, seulement à titre de reliquataires, et que pour sanctionner la vente et la prise de leurs propriétés.

Enfin, dans la loi qu'il aurait projetée, il aurait fait tout ce qu'on peut attendre d'un génie aussi puissant que pervers, ce qui eût été de mettre en France le comble à l'immoralité, c'est-à-dire, en ne consentant à indemniser que comme reliquataires, l'honneur et la vertu, pour avoir succombés en combattant uniquement contre la scélératesse, afin de les mettre sur la même ligne, pour les indem-niser, avec les Robespierre, les Danton et d'autres hommes de même espèces, qui n'ont succombés que dans la lutte qui s'était élevée entr'eux à qui commettrait les plus grands crimes.

Enfin, il s'en serait ensuivi de la loi proposée par Ariman, qu'un monstre qui aurait secrètement ou même ouvertement dénoncé son frère émigré, qui serait furtivement rentré, vu que sur-tout il avait acheté son bien, tant par convenance qu'au plus vil prix par cupidité et pour ne pas être obligé de l'aider et de venir, par bienséance, de quelque chose à son secours et enfin s'en débarasser ; il serait résulté,

qui sont entr'eux et la rigoureuse justice, et les principes
reçus en mathématiques, et de concilier ces principaux
articles tant entr'eux que cette loi avec elle-même, pour
en faire disparaître toute contradiction et absurdité, en
l'interprétant d'une manière qui soit conforme à son
but, à son véritable esprit et à son caractère qui devrait
être tout de bienveillance et de pure équité.

TITRE PREMIER.

De l'allocation et de la nature de l'indeminité.

» Art. I.ᵉʳ Trente millions de rente, au capital
» d'un milliar, sont affectés à l'indemnité due par
» l'Etat aux français dont les biens fonds, situés en
» France, ou qui faisaient partie du territoire de
» la France au 1.ᵉʳ Janvier 1792, ont été confis-
» qués ou aliénés en exécution des lois sur les
» émigrés, les déportés et les condamnés révolu-

---

dis-je, de cette loi, que ce frère dénaturé aurait été appelé à profiter de l'indemnité de ce frère qu'il avait fait guillotiner, sans que
rien puisse s'y opposer, et que par là il aurait reçu une double ré-
compense de ses crimes. On ne peut disconvenir que si une telle loi
existait, qu'elle ne soit au-dessus de toute conception humaine,
que l'œuvre d'Ariman même ; car ce n'est pas à nous, faibles créatures,
d'approfondir jusqu'où peut s'étendre la perversité de ses vues ; seulement sommes-nous certains que ce génie malfaisant a une telle su-
périorité sur nous, qu'il nous est presqu'impossible de ne pas devenir
les instrumens dont il se sert pour commettre le mal, sans la grace
spéciale d'Orosmas, ou pour mieux dire de Dieu, et sur-tout lorsque nous abandonnons ce qui est rigoureusement juste pour prétendre que le mieux peut devenir l'ennemi du bien et le rendre impossible. Or, que conclure de tout ceci ? c'est que si c'est un devoir
impérieux que de combattre le mal, en signalant toutes les circonstances qui y ont donné lieu, c'est qu'alors soit ou non que le manichéisme existe réellement, ainsi que le prétendent certains philoso-
phes et théologiens, toujours devons-nous nous montrer indulgens
envers ceux qui ont été les instrumens en vertu desquels le mal a été
commis, attendu qu'il résulte des bornes naturelles de l'intelligence
humaine, qu'avec les meilleures intentions du monde, que croyant
faire le bien, on peut commettre le mal au plus haut degré ; mais
lorsqu'il nous est démontré que nous avons commis le mal nous devons l'avouer, et chercher autant qu'il est en nous de le réparer ;
c'est le seul moyen de se reconcilier avec l'honneur, la justice et la
vertu, et d'éviter d'être puni de notre perfidie, soit ici bas ou dans
une autre vie.

» tionnairement. Cette indemnité est définitive, et,
» dans aucun cas, il ne pourra y être affecté aucune
» somme excédant celle qui est portée au présent
» article, »

Voici également la fin de l'article 9 du second titre, lequel n'a d'autre objet que de maintenir l'équité entre les émigrés, afin qu'ils ne puissent être indemnisés au préjudice les uns des autres au delà d'une proportion relative à leurs pertes réelles.

» Quelle que soit la totalité de ces déductions,
» elle ne pourra diminuer l'affectation des trente mil-
» lions de rente fixés par l'article premier. »

Ce milliar ne peut donc être considéré, ainsi que quelques-uns voudraient le prétendre, comme le montant d'un budjet confié à un ministre pour en réduire l'emploi, selon les circonstances, au profit de l'Etat; mais ce premier article et la fin du 9.º du second titre, proclament que c'est une dette légitime et sacrée due et occasionnée par la révolution aux propriétaires territoriaux révolutionnairement dépossédés, et dont l'Etat ou le Gouvernement actuel a bien voulu se charger, et que ce milliar, sans qu'il puisse en rien être retranché ni ajouté, est entièrement destiné à éteindre.

Or dans tel cas un tiers, parmi lequel on peut comprendre ceux qui ont refusé de prendre part à la vente de ces propriétés, a bien le droit de limiter les sacrifices auxquels il s'astreint par sa bienveillante intervention, en reconnaissant tout à la fois, par le mot indemnité employé dans cette loi, que le milliar qu'il destine à cet objet est loin d'acquitter intégralement cette dette; motif de plus pour tenir pleinement et complètement ses offres obligeantes, et que les circonstances rendaient mêmes généreuses, sur-tout de la part de ceux qui n'ont nullement profité de la vente de ces biens; motif de plus, dis-je, de distribuer ce milliar avec la plus stricte équité, et c'est ce qui est indispensable si on veut effectivement éteindre les droits reconnus de ceux qui sont appelés exclusivement à profiter de ce milliar; ce qui intéresse même les acquéreurs des biens des dépossédés et leurs créanciers, afin que parfaite exécution de la transaction ci-dessus légitime parfaitement leur possession, et c'est le seul moyen de prévenir par la suite tous droits à des réclamations. Alors d'après les principes de l'équité naturelle, ce milliar doit être distribué entre tous ceux qui sont appelés à en profiter en raison de ce que chacun a perdu.

De sorte qu'il est incontestable que ce ne peut être ni dix-huit fois le revenu ou le prix de la vente des biens d'un chacun qui peuvent faire la part et portion à un chacun dans ce milliar, à moins que ces allocations ne remplissent unanimement les deux conditions suivantes, 1.º qu'elles soient proportionnellement relatives aux pertes réelles d'un chacun ; 2.º qu'en somme elles ne donnassent exactement la valeur de ce milliar, soit qu'il' en puisse, soit en plus, soit en moins, en résulter un centime de différence ; mais puisque d'après toutes ces allocations à peu près finies et déterminées, il existe de ce milliar non entièrement délivré une remanence avouée de presque 325 millions : ceci prouve matériellement et mathématiquement le faux d'une telle opération et l'injustice notoire qu'il y aurait de prétendre que ce que chacune de ces allocations la plus exactement faite puisse être la part d'un chacun dans ce milliar, vu qu'elles ne sont propres qu'à la déterminer.

Or, comme ces allocations de dix-huit fois le revenu ou du prix de la vente des biens n'ont pu être faites que par le motif qu'on les supposait proportionnellement relatives aux pertes réelles ; elles ne peuvent donc à ce seul titre tenir lieu et place à un chacun de sa part dans ce milliar, et ne peuvent être considérées que comme bases proportionnelles et relatives aux pertes réelles et que seulement propres à déterminer la part et portion d'un chacun dans ce milliar, et ce d'après les principes reçus en mathématiques et la stricte équité, ce qu'on ne peut trop répéter. Nous ne proposons donc point ici de renverser toute la loi, ni toutes les liquidations faites jusqu'alors, mais de les confirmer seulement comme provisoires sur la part d'un chacun, en exécutant pour le surplus toute la loi dans son intégrité, et de seulement prévenir le mal projetté, et qui a déjà eu un commencement d'exécution dans une ordonnance surprise à la justice de Sa Majesté.

Car supposez que si la remanence, au lieu d'être de 325 millions, était de 500 millions, il est évident que chacun par dix-huit fois son revenu ou le prix de la vente de son bien, qu'il n'aurait reçu que la moitié de ce qui lui revenait dans ce milliar, donc chacun se trouve lésé en raison de cette remanence ; mais il est bon d'observer que tout l'essentiel de la loi consiste dans son premier article, et que tous les autres ne doivent avoir d'autre objet, 1.º que d'indiquer les moyens qui doivent être employés pour établir l'exacte distribution de ce milliar, en raison de ce que chacun a perdu, en déterminant les bases proportionnelles aux pertes réelles, telles que dix-huit fois le revenu ou le prix de la vente des biens, pour en faire l'usage prescrit en mathématiques, et non pour faire de ces bases la part d'un chacun, et c'est ce dont s'est entièrement dévoyé ce deuxième article, en marchant d'une manière opposée, qui a été de faire de ce moyen proportionnel la part d'un chacun dans ce milliar, tandis que ces bases encore une fois n'étaient propres qu'à la déterminer ; 2.º de fixer quelles sont les charges et obligations dont la part et portion de chaque individu doit être grévée, lesquelles diminuent les pertes réelles d'un chacun, telles enfin que les dettes acquittées par les ci-devant gouvernemens ; vu que ce que l'on devait sur son bien ne pouvait faire partie de sa perte, ainsi que ce que l'on aurait reçu sur les biens dont on devenait indemnisé, afin que cela ne puisse nuire aux autres indemnisés ; de sorte que la totalité de ces dernières réductions (Voyez la fin de l'article 9 du second titre.) ne peuvent diminuer en rien l'affectation de la totalité du milliar à l'indemnité ; de sorte que cette dernière réduction est uniquement relative à maintenir la justice entre les indemnisés, afin que chacun ne puisse recevoir pour sa part une valeur hors de l'exacte proportion de ce qu'il a réellement perdu, et cela au préjudice des autres.

Rien n'est donc si facile que la parfaite exécution et application de cette loi, et toute sa difficulté réelle ne consistait, 1.º qu'à trouver ce milliar et qu'à se déterminer à un tel sacrifice ; 2.º qu'à fixer quelles devaient être les bases proportionnelles relatives aux pertes réelles d'un chacun, lesquelles bases sont dix-huit fois le revenu ou le prix de la vente des biens d'un chacun, pour d'après les principes reçus en mathématiques opérer la distribution de ce milliar, en raison de ces bases ou pertes fictives particulières, qui devaient être le troisième terme d'une règle de proportion et dont le quatrième terme était la part d'un chacun dans ce milliar, et dont le premier terme devait être la somme de toutes les pertes fictives et le deuxième terme ce milliar, selon la formule algébrique suivante, $spf : m :: pf : x$, savoir, la somme des parties fictives spf est à un milliar comme la perte fictive et proportionnelle d'un chacun est à x sa part et portion dans ce milliar quatrième terme cherché.

Du reste, il paraît que ces bases ont été aussi justement déterminées qu'elles pouvaient l'être par les deux catégories d'ailleurs adoptées ; car qui était plus naturel que de prendre dix-fois le revenu de 1790 pour base relative et proportionnelle à la valeur des biens dans le commencement de la révolution, où ces biens nationaux se vendaient au plus vil prix, et de ne se servir de ces bases que jusqu'à telle époque déterminée, où la révolution offrant plus de stabilité, ces biens avaient acquis plus de valeur, et que de prendre alors pour base relative aux pertes réelles le prix de la vente de ces biens ? et ces bases ou deux catégories comme pertes fictives sont tellement proportionnelles aux pertes réelles, que je puis démontrer qu'indemnisé selon ces deux catégories dans deux différens départemens pour des biens à peu près de même valeur, j'ai trouvé ces

(23)

deux catégories absolument équivalentes dans leurs résultats.

Du reste, nous éviterons de revenir ici sur ce que nous avons déjà établi dans notre supplique, vu que si ces bases étaient vicieuses il ne fallait pas s'en servir, mais les ayant acceptées pour les unes et y déroger en faveur des autres, c'est une injustice si choquante qu'on ne sait quel nom lui donner.

Or, quoique les pertes réelles d'un chacun et leur montant soient incalculables et resteront à jamais inconnues, ce sont des obstacles dont se jouent les mathématiques, puisqu'il n'y a qu'à leur substituer des valeurs proportionnelles ; et c'est d'après ces principes qu'on a surmonté depuis quelques années seulement des difficultés d'une toute autre nature, qui même paraissaient jusqu'alors invincibles dans tous nos cours, en donnant à notre calcul décimal toute la perfection dont il était susceptible. (*)

Maintenant nous allons rapporter le deuxième article de cette loi, et démontrer qu'il est en contradiction non-seulement avec le premier article, les principes reçus en mathématiques et la stricte équité, mais en outre avec lui-même dans ses différens alinéa ; absurdités qui ne sont que les conséquences de certains vices de rédaction qui se sont introduits dans ses deux premiers alinéa, en substituant le mot *égal* à celui de *proportionnel*, qui dans ce cas devait et pouvait uniquement être employé.

» Art. 2.ᵉ Pour les biens-fonds vendus en exé-
» cution des lois qui ordonnaient la recherche et
» l'indication préalable du revenu de 1790, ou du
» revenu valeur de 1790, l'indemnité consistera en
« inscription de rente trois pour cent sur le grand
« livre de la dette publique, dont le capital sera

(*) Ce qui consistait à trouver le rapport qui existe entre deux suites infinies, donnant une fraction décimale inexprimable et dont l'une est composée de consécutives ou de périodes, où se trouvent des parties bizarres et périodiques, et qu'il s'agissait de réduire toutes deux sous la plus simple expression en fractions ordinaires alors finies et déterminées.

(24)

» *égal* à dix-huit fois le revenu , tel qu'il a été cons-
» taté par les procès-verbaux d'expertise ou d'ad-
« judication. Pour les biens-fonds dont la vente a
» été faite en vertu des lois antérieures au 12 prairial
» an 3, qui ne prescrivaient qu'une simple estima-
» tion préalable, l'indemnité se composera d'une
» inscription de rente trois pour cent sur le grand
» livre de la dette publique, dont le capital sera
» *égal* au prix de vente réduit en numéraire au jour
» de l'adjudication, d'après le tableau de déprécia-
« tion des assignats, dressé en exécution de la loi
» du 5 messidor an 5, dans le département où était
» située la propriété vendue.

» Lorsque le résultat des liquidations aura été
» connu, les sommes restées libres sur les trente
» millions de rente déterminés par l'article premier,
» seront employées à réparer les inégalités qui au-
» raient pu résulter des bases fixées par le présent
» article, suivant le mode qui sera réglé par une
« loi. »

Or, le rédacteur de la loi ne met ici le législateur
en pleine contradiction avec lui-même, que pour
avoir substitué dans les deux articles le mot *égal* à
celui de *proportionnel* qu'il devait uniquement employer ; car les deux premiers alinéa de ce second
article ne détruisent presqu'entièrement le premier
article, et ne se trouvent en pleine contradiction
avec lui, les principes reçus en mathématiques et
la stricte équité, que parce qu'ils ne paraissent
allouer à chaque indemnisé pour sa part et portion
dans ce milliar, que dix-huit fois le revenu ou le
prix de la vente de ses biens pour toute indemnité,
tandis que ces bases proportionnelles aux pertes
réelles, n'étaient faites que pour la déterminer. Mais
ceci devient doublement absurde, puisque c'est un
milliar qui est affecté à l'indemnité et non la somme
de toutes ces allocations de dix-huit fois le revenu
ou le prix de la vente des biens, à moins qu'elles
ne donnent juste la valeur de ce milliar, en vertu
de la décision des directeurs des domaines, des préfectures et de la commission de l'indemnité, qu'il

ne s'agit pas de renverser pour livrer cette remanence à l'arbitraire, et en faire la proie de l'intrigue et de la faveur; d'autant plus que par la fin de ce premier article, si la somme de toutes allocations faite à un chacun de dix-huit fois le revenu ou le prix de la vente de son bien eût surpassé ce milliar, c'est que chacun aurait été forcé de rapporter ce qu'il aurait reçu comme concourrant à excéder ce milliar; par la même raison, la somme de toutes ces allocations étant très-loin d'atteindre à la valeur de ce milliar, chacun a droit à la remanence qui en résulte, en raison de ce qu'il a perdu; car comme on ne peut trop le répéter, c'est que cette remanence n'est constituée que des rognures faites à un chacun pour ne pas risquer d'outre-passer ce milliar dans une première distribution.

C'est la seule excuse qu'on puisse donner à l'existence de cette remanence, et nous l'admettons, attendu qu'il fallait détermiter les pertes fictives proportionnellement relatives à la perte d'un chacun et le montant de toutes ces pertes avant de pouvoir dire, la somme totale de toutes ces pertes fictives et proportionnellement relatives aux pertes réelles d'un chacun, est à ce milliar comme cette perte proportionnelle relative d'un chacun est à un quatrième terme cherché sa part et portion dans ce milliar, sans que de la somme de toutes ces allocations il en puisse résulter un centime de différence à la valeur de ce milliar, et ce milliar aurait été entièrement distribué à un chacun des y ayant-droit, d'après les principes rigoureux reçus en mathématiques et ceux de la stricte équité. D'ailleurs nous ne pouvons admettre la deuxième excuse d'avoir fait des allocations aussi défectueuses que des pertes fictives et proportionnellement relatives, pour tenir lieu de la part d'un chacun dans ce milliar, qu'afin de faire jouir chacun un peu plutôt de son indemnité, puisque l'intérêt en courait depuis le 22 Juin 1825, et que c'eût été faire payer bien chèrement à un chacun et à tous un si chimérique avantage par la perte la plus essentielle et la plus claire de ce qui lui revenait de cette indemnité, ce qui sera plus loin démontré.

Maintenant examinons la contradiction palpable qui existe entre les deux premiers alinéa de ce deuxième article et son troisième alinéa.

Que signifie cette expression équivoque dans ce troisième alinéa, *les sommes restées libres?* Reconnaissez-vous ou non que la totalité de ce milliar doit être employé à l'indemnité, en mettant en contradiction ce troisième alinéa avec ce premier article de la loi? Non, direz-vous, ces sommes doivent être totalement employées pour réparer l'inégalité qui résulterait des bases ci-dessus établies et adoptées. Mais si ces bases étaient fausses et vicieuses et n'étaient pas proportionnelles aux pertes réelles, pourquoi en prescrire l'usage et en faire la part et portion d'un chacun dans ce milliar? pourquoi faire une loi pour les uns et ensuite y déroger en faveur des autres, afin de les traiter avec différens poids et mesures? Quelle inconséquence! Quoi, vous venez de proclamer ces bases comme ce qu'il y avait de mieux et de plus exactement proportionnel aux pertes réelles d'un chacun, et vous leur imprimez aussitôt un caractère de réprobation et d'iniquité qui s'étend à toutes les liquidations faites jusqu'ici et qui en ont été les suites nécessaires.

Ce serait ouvrir un vaste champ à des réclamations sans fin, aussi onéreuses qu'incertaines, qu'un chacun croirait avoir des motifs et des droits de faire ce que la généralité et la justesse de ces bases ont en grande partie pour objet de prévenir; ce serait sous le prétexte de remédier à des petites injustices particulières que l'application univoque des ces bases à un chacun rend impossible, en commettre de généralement énormes; ce serait livrer à l'arbitraire la partie la plus essentielle et la plus claire de ce qui est rendu à des malheureux qui ont tout perdu, afin qu'elle puisse facilement devenir la proie de la faveur et de l'intrigue; et ce qui serait le pis de tout, c'est que cela pourrait conduire à démoraliser l'honneur et la loyauté même, en iuvitant quelques-uns à se gorger des dépouilles de leurs malheureux compagnons d'infortune ; et c'est cependant ce qui arriverait et ce qui a déjà reçu un commencement d'exécution, si pour mettre le comble à l'iniquité, on admettait définitivement les uns à profiter de la remanence considérable existente, et si on en excluait les autres seulement sous le prétexte qu'ils n'avaient pas fait de réserves en acceptant leurs bordereaux, tandis que la loi n'en parle pas, et que d'ailleurs comme si cette réserve sifflée à l'oreille de quelques-uns pouvait établir un droit au préjudice des autres ; car pouvait-on refuser un bordereau dressé selon la loi, et qui même par ce troisième alinéa suppose toutes premières liquidations comme purement provisoires ; ce serait punir les uns d'avoir rendu hommage aux administrateurs, de la célérité et de la justice avec laquelle ils avaient exécuté la loi à leur égard, et récompenser les autres auxquels de certaines réserves auraient été sifflées à l'oreille de s'inscrire contre l'iniquité de ces bases, tandis qu'elles sont en elles-mêmes peut-être ce qu'on pouvait imaginer de plus exactement proportionnel aux pertes réelles.

L'injustice ne peut donc résulter de ces bases qui sont en elles-mêmes ce qu'on peut concevoir de mieux, mais seulement de la fausse application qu'on en fait, en leur faisant tenir lieu de ce que seulement elles ne sont propres qu'à déterminer, c'est-à-dire, la part et portion d'un chacun dans ce milliar. C'est de cette fausse application que résultent de réelles et générales inégalités qui ne consistent que dans la différence qui existe entre ces bases et la part et portion d'un chacun dans ce milliar, qu'encore une fois elles ne sont propres qu'à déterminer, et ces inégalités sont proportionnelles et générales et non particulières.

Rendons sensible ce que nous venons d'émettre ci-dessus par un exemple qui ne sera peut-être pas aussi microscopique qu'on le pourrait penser, en supposant qu'il n'y ait que cent privilégiés admis à profiter de cette remanence, et qu'elle soit de 300 millions, c'est que chacun de ces privilégiés aurait trois millions pour sa part dans cette remanence au-delà de ce qu'il aurait été provisoirement liquidé ; et comme on ne peut décider de ce que vaudrait l'arbitraire, les uns auraient pu avoir cinq millions, et les autres pourraient être réduits dans la même proportion, car il faut enfin que cette remanence soit employée.

Dira-t-on qu'il n'est pas possible que les vraiment privilégiés se réduisent à un si petit nombre; pourquoi cela ? L'arbitraire peut bien admettre à proposer des réclamations à un grand nombre d'individus déjà injustement limités, et pousser l'injustice encore plus loin, en n'admettant à profiter de cette remanence qu'un très-petit nombre d'individus qu'il se propose de favoriser ce plus grand nombre d'admis à former des réclamations, dont la plupart seraient déçus en définitif de toutes prétentions, pourrait n'être qu'un masque pour couvrir les injustices particulières qu'on n'oserait ostensiblement commettre sans aucun détours

Or, quoique les bases proportionnelles relatives aux pertes réelles fussent déjà déterminées et connues à l'avance par les domaines, les préfectures et le gouvernement, par un travail préparé de longue main, et qu'il ne s'agissait guère que de soumettre à la vérification des intéressés que pour la forme ; malgré cela nous convenons que ce milliar ne pouvait guère être rétribué pour la plus grande exactitude, qu'après la vérification des pertes fictives proportionnellement relatives aux pertes réelles d'un chacun ne soient entièrement déterminées ; mais cela étant fait, rien ne serait plus facile aujourd'hui, il faut en convenir, que d'exécuter la loi de l'indemnité selon les principes de la rigoureuse justice, tant à l'égard de la totalité de ce milliar que de la remanence qui résulte d'une première opération déjà commencée, et relative à la distribution d'une partie de ce milliar.

Alors on serait tenté de croire que le talent le plus rare et le plus perfide qui puisse exister, a su faire dégérer une loi, dont le caractère est tout

de justice et de bienfaisance, en un ramas mons-
trueux de contradictions et d'iniquités ; cependant
cela peut résulter uniquement du pur hasard, d'un
cas fortuit, et que de la substitution par mégarde
du mot *égal* à celui de *proportionnel*, introduit
dans cette loi, soit par inadvertance ou par défaut
de connaissances des termes tecniques en mathématiques, car uous devons être indulgent pour les
autres, si nous voulons qu'on le soit pour nous-
mêmes ; de sorte que sans cette substitution du mot
égal à celle du mot *proportionnel*, dans les deux
premiers alinéa ils auraient été rédigés ainsi qu'il suit :

Premier alinéa : Pour la première catégorie, le
part d'un chacun sera *proportionnelle* à dix-huit
fois son revenu de 1790, comme bases relatives et
proportionnelles à sa perte réelle. Pour le deuxème
alinéa de ce second article : l'indemnité ou la part
d'un chacun dans ce milliar sera, pour cette deuxième catégorie, *proportionnelle* au prix de la vente
de son bien, comme bases proportionnelles et relatives à sa perte réelle. Et le troisième alinéa du
deuxième article n'aurait pas existé ou il aurait été
rédigé de la manière suivante :

Après que chacun des ayant-droits à l'indemnité
aura provisoirement été liquidé de dix-huit fois le
revenu ou du prix de la vente de son bien, comme
base proprtionnelle à sa perte réelle, afin de ne pas
risquer d'outre-passer ce milliar dans une première
distribution, ce qui restera de non employé de ce
milliar sera partagé à un chacun en raison de ce
qu'il a perdu ou des bases déjà établies ci-dessus, et
déjà reçues.

Il faut convenir que ceci est tout autre chose que
d'imprimer à ces bases un carectère de réprobation
et d'iniquité, et que de dénaturer cette loi au dernier degré ; puisque c'est faire disparaître toute contradiction entre le premier article de cette loi et le
second, ainsi qu'entre les deux premiers alinéa de ce
second article et son troisième, et que c'est rendre
à cette loi son caractère de justice et de bienfaisance
qui par lui-même heureusement prescrit la rectifica-

tion que nous venons d'indiquer. De sorte que toute contradiction dans cette loi entre ses principaux articles, son opposition aux principes reçus en mathématiques et la stricte équité, ne résulte uniquement que du seul mot *égal* qu'on a substitué au seul mot *proportionuel* qui, dans tel cas, devait être uniquement employé.

Or, quand par vice de rédaction, ce qui n'arrive que trop souvent, une loi parle en sens contraire entre ses principaux et divers articles et en outre d'une manière opposée aux principes reçus en mathématiques et la stricte équité, il ne reste d'autre ressource que de la rectifier et de l'interprêter d'une manière conforme à son véritable esprit, aux principes reçus en mathématiques et la stricte équité; tels sont les principes reçus dans le droit, et dont nous venons de faire ici une juste et incontestable application, laquelle est prescrite par les axiomes suivans, bases fondamentales de toute saine jurisprudence.

Axiome premier.

La loi suprême c'est l'équité naturelle à laquelle Dieu ne peut déroger, sans cesser d'être ce qu'il est en lui-même; à plus forte raison tout législateur humain ne peut-il s'en écarter, sans que ses institutions ne produisent les plus grandes calamités, et ne soient heureusement de plus ou moins courte durée.

Axiome second.

Ce serait étrangement s'égarer que de supposer que l'équité n'est que dans la loi ou que dans les termes où elle se trouve conçue; la loi au contraire ne peut exister que dans l'équité naturelle gravée par Dieu d'une manière ineffaçable dans le cœur de l'homme appelé à juger d'une chose; parce qu'alors comme juge il est censé agir sans passion ni partialité, et c'est ce qui est d'autant plus incontestable que cette équité naturelle est exempte des vices de rédaction et des fausses acceptions des termes dont est susceptible le langage humain, même le plus épuré.

Axiome troisième.

Donc les jurisconsultes et les juges n'ont pas fait une étude particulière des lois qui fourmillent d'exemples de la raison ou de l'équité écrite dans une langue étrangère, la seule chose qui restera à jamais de la grandeur des Romains, pour devenir les instrumens aveugles de la volonté d'un législateur, ou des termes vicieux dans lesquels il se serait exprimé ; ils doivent toujours supposer que le législateur n'a pu ni voulu s'écarter de l'équité naturelle ; et leurs honorables fonctions ne se bornent pas à être de purs grammairiens ni de simples étimologistes, mais à interpréter et à appliquer la loi et même à la rectifier, le cas échéant, d'une manière conforme à la stricte équité ; d'autant plus qu'un législateur n'a pu prévoir tous les différens cas qui peuvent nécessiter des variations dans l'application de la loi. Ce n'est donc que parce qu'ils ne doivent rendre compte qu'à Dieu et à leur conscience de leurs décisions, qu'ils sont inamovibles ; de sorte que s'ils motivent leurs jugemens, ce n'est que pour mieux éclairer le peuple sur ce que dans cas pareil lui prescrit son devoir. (*)

(*) On dira peut-être, si les juges peuvent décider de tout selon ce que leur paraît dicter leur honneur et leur conscience et l'équité naturelle, nous n'avons donc plus besoin de lois : ceci n'est qu'une conséquence forcée, tirée d'un principe juste et qui par conséquent conduit à l'absurdité, si vous soutenez une opinion opposée à celle que je viens d'émettre ; c'est vous qui prétendez au contraire qu'il ne faut plus de jurisconsultes et que les juges ne doivent être que de pures machines auxquelles on ne laisse aucune moralité ; tandis que je soutiens au contraire que les juges et les jurisconsultes ne sont pas moins nécessaires que la loi, tant pour l'interpréter que pour l'appliquer selon les règles de la plus stricte et naturelle équité.

Car les lois faites, hors les tems d'ignorance, de barbarie et de révolution, qui, dans ces différens cas ne sont que l'expression de l'ignorance ou des plus violentes passions, ont été mûries et réfléchies par des hommes judicieux et sans passions, mais non infaillibles ; et ce qu'ils ont prescrit se rapprochent toujours plus ou moins de l'équité, sauf les termes vicieux dont ils se sont servis pour l'exprimer, ou les différens cas qu'ils n'ont pu prévoir : ce qui alors doit

(32)

Maintenant, après avoir établi la justice et la nécessité de rectifier les vices qui se sont introduits
dans la rédaction de la loi de l'indemnité, d'après
les principes d'une saine jurisprudence, nous allons
démontrer que les indemnisés qui espéraient tirer
quelque parti des vices de rédaction de la loi, et
notamment du troisième alinéa de son second article,
à l'exclusion de leurs malheureux compagnons d'infortune, qu'ils se trompent considérablement, et
qu'il est plutôt de leur intérêt de se réunir pour
demander que la remanence soit distribuée selon les
bases reçues et adoptées, au lieu d'y vouloir déroger
en cherchant à en établir l'iniquité ou la défectuosité.

Car quand même ces bases n'eussent été que le
revenu de 1790, ou la dix-huitième partie du prix
de la vente des biens ou quatre-vingt-dix fois le
revenu de 1790, et cinq fois la valeur du prix de
la vente de ces biens, elles n'en auraient pas moins
produit l'exacte distribution de ce milliar entre les
ayant-droits, que ne sont capables de le faire dix-
huit fois ce revenu ou le prix de la vente de ces
biens ; puisque ces différentes bases sont également
proportionnelles entr'elles ainsi qu'aux pertes réelles,
et qu'elles n'eussent accrue ni diminué la valeur de
ce milliar, et qu'elles auraient également donné à un
chacun la même part et portion dans ce milliar sans
différence d'un centime.

---

aider considérablement le jurisconsultes et le juge dans ses décisions,
selon les principes de l'équité naturelle ; réponse qui renverse de
fond en comble votre prompte et absurde conclusion. De sorte
qu'elle nous conduit seulement à vous forcer de convenir qu'il
vaudrait peut-être mieux qu'il n'y ait d'autres lois en matière civile
que la simple instruction et probité des juges, plutôt qu'un million
de lois qui se contredisent entr'elles et particulièrement avec elles-
mêmes, et qui en outre sont rédigées d'une manière si obscure,
qu'elles peuvent être interprétées de la manière qu'on le veut, ce
qui fournit tant d'alimens à la chicane et d'embarras dans l'esprit
des juges, et qui exige par conséquent de les interpréter d'une
manière conforme à l'équité naturelle ; et quand même vous pré-
tendriez que ces lois seraient aussi claires que précises, pouvez-
vous prescrire à un juge d'aller contre ce qui a été gravé au fond de
son cœur par la Divinité et d'agir contre son honneur et contre sa
conscience ; ce serait justifier les jugemens atroces rendus durant la
révolution.

Mais alors il n'en est plus de même si on adjuge pour la part et portion d'un chacun seulement son revenu de 1790 , ou la dix-huitième partie du prix de la vente de ses biens pour toute chose dans ce milliar ; vu qu'il s'en serait suivi une lésion choquante et une remanence fort au-dessus de celle qui résulte de lui avoir adjugé dix-huit fois son revenu ou le prix de la vente de ses biens, et si on lui avait adjugé quatre-vingt-dix fois le revenu de 1790 , ou cinq fois le prix de la vente de ses biens ; ceci aurait tellement excédé sa part dans ce milliar , qu'il aurait été , en vertu de la fin de l'article premier , obligé de rapporter ce qu'il aurait reçu de trop ; ce qui prouve à n'en pas douter que ces bases ne sont propres qu'à déterminer la part d'un chacun dans ce milliar , et non pour en tenir lieu.

On ne doit donc point chicaner et élever des difficultés sur l'exactitude des bases adoptées et leur mise à exécution , ou ce serait renverser toutes les liquidations faites , qui jusqu'ici sont censées avoir eu lieu selon les principes de la plus stricte équité ; ou ce serait , sous un autre point de vue , accuser les directeurs des domaines et les préfets de n'avoir pas rempli les devoirs qui leur étaient imposés ; ce dont on pouvait rappeler devant la commission et les autorités qui leur étaient supérieures , et quand même il se trouverait quelques défectuosités dans ces bases , c'est sur quoi chacun a intérêt de passer l'éponge ; car pour quelque misère ou niaiserie , encore très-incertaine , qu'on croirait obtenir dans cette remanence , à grand frais et à force de protections , un chacun ne doit pas négliger la part et portion qui lui revient de droit dans cette remanence , laquelle est propre à doubler probablement pour un très-grand ce qu'on a déjà reçu d'effectif : qu'on ne se laisse donc pas entraîner hors de la question par un appas trompeur.

D'ailleurs quelles plaintes a-t-on formées contre ces bases dans une petite brochure ? L'auteur a prétendu que le prix de la vente des biens d'un émigré qu'il cite , n'était que quatre à cinq fois son revenu de

1790, mais en même tems il est convenu qu'à cette époque il faisait lui-même valoir son bien, et qu'il n'avait nuls baux ni registres authentiques qui en constatent le produit, et que les rôles d'impositions de 1790 étaient perdus ; mais si les rôles d'impositions de 1790 manquent, et qu'il n'ait aucun bail authentique à produire, comment peut-il prouver que le prix de la vente de son bien n'équivaut qu'à quatre à cinq fois le revenu de 1790 ? alors de quel droit peut-il partir pour s'inscrire contre les estimations préalables ou le prix de la vente de ce bien que chacun ne puisse également réclamer ? enfin sur quoi a-t-il pu être provisoirement indemnisé, si ce n'est sur dix-huit fois son revenu ou le prix de la vente de son bien, ou sur les estimations préalables faites dans l'intérêt de la nation, comme choses sur lesquelles ceux qui ont dressé et confirmé les bordereaux ont pu uniquement statuer ? c'est attaquer tout à la fois la loi d'injustice et toutes les autorités qui l'ont mise à exécution, ce qui n'est pas proposable.

Ceci offre, comme nous l'avons dit ci-devant, un vaste champ à des réclamations sans fin, que chacun, dans quelle catégorie où il puisse se trouver, aurait également le droit de faire ; car les baux authentiques n'ont-ils pas été réduits au-delà de ce qu'ils devaient l'être par la surestimation des droits seigneuriaux y attachés, conformément aux intérêts des admodiateurs qui voulaient diminuer leurs canons ? les experts des estimations préalables n'ont-ils pas été influencés par ceux qui s'étaient rendus souscripteurs et soumissionnaires de l'acquisition de ces biens ? enfin aurait-on rendu à chacun sa propriété ? alors chacun aurait-il été véritablement indemnisé de ce qu'il aurait perdu ? cela lui aurait-il rendu son château rasé et ses usines détruites, ses bois non défrichés et ses prés non labourés, ses étangs enlevinés et dont les digues avaient disparues ? d'ailleurs les nouvelles bases que l'auteur de cette brochure propose ne renverseraient-elles pas toutes les liquidations faites jusqu'alors, et n'offriraient-elles pas plus d'injustices et d'inconvéniens encore que celles qu'il veut réformer.

Car l'auteur de cette brochure propose pour base de la répartition de la totalité de la remanence, de prendre les impôts de 1814, et ce en faveur seulement d'une partie de ceux compris dans la catégorie du prix de la vente des biens, à l'exclusion de tous autres et de ceux compris dans l'autre catégorie de dix-huit fois le revenu, comme s'ils avaient reçu de prime-abord complètement tout ce qu'il leur revenait dans le milliar accordé.

Or, ceci est un paradoxe et une pure supposition dont il résulterait une injustice choquante, puisque dans ces deux catégories les biens ont été à peu près, à quelques petites variations près, également désappréciés au-dessous de leur valeur, ce qui ne fait rien à la chose en fait de proportionnalité pour la rétribution de ce milliar, pourvu que cette dépréciation soit équivalente et proportionnelle à la valeur réelle.

A la bonne heure encore si l'auteur de cette brochure avait proposé de rétribuer cette remanence entre ces deux catégories sans aucune exclusion en raison des impôts que les biens payaient en 1814, puisque ceci n'aurait plus offert de particularités exclusives d'intérêts et d'injustice choquante en ce que chacun aurait été soumis à la même loi; alors loin de lui faire aucun reproche à ce sujet, nous nous serions borné à seulement lui objecter, que ce qu'il proposait était impraticable et extrèmement onéreux et préjudiciable, sur-tout aux plus infortunés des indemnisés; car d'abord ces biens ont varié de valeur depuis 1790, pendant vingt-quatre ans entre les mains de ceux qui les ont dégradés ou améliorés dans la manière de les faire valoir; d'ailleurs où aller rechercher la totalité de l'impôt qu'un bien disséminé à l'infini dans les mains de différens particuliers paye en 1814? quels frais si cela était possible cela n'occasionnerait-il pas? alors cette remanence passerait en grande partie entre les mains du fisc et pour l'autre entre les mains des plus grandement indemnisés et des plus riches capables de faire les frais

qu'exige une telle recherche ; tandis que les plus infortunés , et que ceux pour lesquels cette remanence
est tout ce qu'ils peuvent avoir de ce milliar n'auraient nullement les moyens d'y prétendre.

Mais ce serait déjà imprimer un caractère de réprobation et d'iniquité à la loi, que de supposer
que les deux catégories qu'elle a établies ne sont pas
également justes ni applicables à tous les cas pour
lesquels elles sont spécialement destinées ; alors quelle
absurdité et injustice plus révoltante encore , ne
serait-ce pas de prétendre qui n'y a qu'une partie de
ceux qui sont dans l'une de ces catégories qui soient
maltraités et qui ont droit à la totalité de cette remanence à l'exclusion de tous les autres qui sont
dans ces deux catégories ; c'est cependant à quoi
conduit la brochure en question : alors n'est-ce pas
établir l'arbitraire en faveur de quelques-uns au
préjudice de tous les antres, afin de distribuer cette
remanence à son gré, au mépris de toute justice?

Donc le mode de répartition que nous avons proposée et qui n'exige qu'une simple règle de trois,
est le seul juste, le moins onéreux et préférable ;
car, étant d'ailleurs compris moi-même dans ces
deux catégories, à peu de chose près pour la même
valeur, dans deux départemens différens, celui de
la Meurthe et celui de la Haute-Marne, je n'ai
d'autres intérêts que celui de la justice, sur-tout
en ce qui a été reconnu comme ce qu'il y avait de
plus juste en pareil cas, à l'égard des colons de
Saint-Domingue.

Maintenant il est bon de considérer qu'il serait
inconcevable que l'auteur de la petite brochure dont
il s'agit, ait pu joindre à son ouvrage nombre de
consultations qui lui étaient si peu favorables, au
moyen particulier qu'il proposait de rétribuer ce
milliar ou du moins la remanence en question, s'il
n'était visible qu'il ne soit tombé dans un piège que
lui tendait l'arbitraire pour n'obtenir autre chose
de lui, que d'imprimer un caractère de réprobation
et d'iniquité aux bases adoptées pour la distribution de ce milliar, ainsi qu'à toutes les liquidations

qui en ont été jusqu'ici les suites nécessaires ; mais il fallait bien à cet arbitraire un prétexte pour disposer d'une remanence considérable à son gré en faveur de ses créatures, et il ne pouvait le trouver que dans la défectuosité de ces bases et la nécessité de remédier aux inégalités auxquelles il supposait qu'elles avaient donné lieu : c'est pourquoi il a supposé que cette remanence n'était constituée qu'au préjudice de certains individus pour n'avoir pas reçu complètement le prix de leurs biens ou dix-huit fois leur revenu, mais encore une fois à quel titre ont-ils reçu ce qui leur a été primordialement délivré ? a-t-on pu supposer à l'avance que la somme de toutes ces allocations parfaitement opérées et calculées sur le pied de dix-huit fois le revenu ou le prix de la vente des biens devait donner exactement un milliar sans aucun excès ni déficit ? alors pourquoi ne leur avoir pas délivré de prime-abord tout ce qui peut leur revenir ? à quel titre quelqu'un a-t-il pu acquérir de nouveaux droits à ce milliar ? n'est-il pas sensible tout au contraire que cette remanence ne résulte uniquement que des rognures faites à un chacun pour ne pas risquer d'outrepasser ce milliar dans une première distribution ? Voilà la seule et juste cause qu'ou puisse lui assigner, il n'y a donc que l'arbitraire et l'intrigue qui puissent la rejeter et chercher à lui attribuer d'autres causes que celles que nous venons d'émettre, et ils ne la rejettent que parce qu'alors il suffit d'une simple règle de trois pour distribuer cette remanence, en raison de ce que chacun a perdu, ou ce qui revient au même de ce qu'il a déjà reçu ; ce qui prévient tout arbitraire, toute intrigue et toute faveur.

Si la brochure en question n'avait pas été suggérée ou au moins très-favorisée par l'arbitraire, pour préparer les esprits et les voies à ce qu'il se proposait, quel imprimeur aurait voulu s'en charger, et sur-tout rétribuer l'auteur, comme il l'avoue, d'un certain nombre d'exemplaires, pour les répandre avec profusion ?

Ceci devient de la première évidence, si l'on considère que l'auteur a joint à son ouvrage des consultations peu favorables à ce qu'il proposait, comme il est facile de le voir, c'est-à-dire, qu'on ne voulait de lui autre chose que d'imprimer un caractère de réprobation et d'iniquité aux bases proposées pour la répartition de ce milliar, et que d'établir la lésion qui en pouvait résulter seulement en faveur de certains individus à l'exclusion de tous autres, ce que l'arbitraire voulait se réserver à lui seul, le mode de réparer par une loi qui lui en aurait donné la faculté, c'est-à-dire, que chacun jusqu'ici n'ayant pu rien recevoir des autorités constituées à cet effet, que dix-huit fois son revenu ou le prix de la vente de son bien, que néanmoins l'arbitraire ose prétendre que nombre de ses créatures ne l'ont pas reçu, pour avoir la faculté de les gorger de la totalité de la remanence, à l'exclusion de tous autres, et à laquelle ils n'ont droit qu'en raison de ce qu'ils ont perdu.

D'après cela il faut espérer que les émigrés, plus éclairés sur leurs vrais intérêts, n'abandonneront pas ce qui leur revient de droit, de gaieté de cœur, dans cette remanence, pour ne tenir que de l'arbitraire et qu'à force de protection, d'intrigue et d'une manière aussi couteuse qu'incertaine une part plus ou moins forte dans cette remanence que ce qui leur revient légitimement et sur-tout que cela puisse être non-seulement au préjudice, mais à la totale exclusion de leurs malheureux compagnons d'infortune; d'autant plus que pour la plupart de ceux qui avaient des dettes, leur part dans cette remanence est tout ce qu'ils peuvent espérer de ce milliar.

Il ne nous reste donc plus qu'à démontrer que la part dans cette remanence est, pour un grand nombre des indemnisés, la portion la plus essentielle de ce qui leur est rendu, et même tout ce qu'ils peuvent espérer du milliar accordé, et que par conséquent cette remanence ne peut être distribuée avec trop d'équité, et qu'il ne s'agit pas de réclamer contre la rigoureuse justice de ce qui a été fait jusqu'ici, mais de prévenir le mal qu'on veut faire, et qui n'est pas encore consommé, malgré un commencement d'exécution qu'il s'agit d'arrêter au lieu d'y donner aveuglément les mains.

Pour parfaitement se convaincre que cette remanence est presque tout ce que peuvent espérer d'effectif nombre d'émigrés, il convient de savoir et de se rappeller que le 6 Janvier 1793, le ministre Rolland, dans son compte rendu à la convention, fait monter le nombre des émigrés à soixante-dix mille, et leurs dépouilles tant mobiliaires que foncières et territoriales à quatre milliars 800 millions.

Or, en portant leurs dépouilles mobiliaires, tels que contrats et meubles meublans à un milliar 800 millions, reste trois milliars pour la valeur de leurs propriétés territoriales sequestrées ; de sorte que le milliar accordé n'indemnise tout au plus que le tiers de sa perte réelle la propriété territoriale, à charge de réduire son avoir ou sa perte réelle, les dettes censées acquittées par les ci-devant gouvernemens révolutionnaires, et de payer celles qui n'auraient pas été liquidées par ceux auxquels elles étaient encore dues.

D'où il suit que celui qui avoit 300 mille francs de biens et cent mille francs de dettes, n'a rien eu à espérer de cette indemnité, et que celui qui devait la moitié de son avoir est resté nécessairement reliquataire, au lieu de pouvoir rien espérer de cette indemnité ; il n'y a donc que celui qui n'avait aucune dette qui devient indemnisé en trois pour cent du tiers de la valeur de sa propriété.

Or, combien d'émigrés n'avaient-ils pas de dettes plus ou moins considérables ? ce qui aggrave d'autant plus leur situation qu'ils sont obligés d'en rembourser le capital nominal sans être réduits au tiers de sa valeur, ainsi que l'a été le gage qui lui était affecté.

Nous ne parlerons donc point de l'importance de la remanence pour ceux qui ont senti l'inutilité de former aucune réclamation ; motif pour lequel malgré cela le rédacteur de la loi a soigné scrupuleusement

l'intérêt de leurs créanciers, en les admettant à réclamer au lieu et place de leurs débiteurs, en raison
des droits qui leur étaient conservés sur leurs propriétés : ainsi nous ne parlerons ici que des émigrés
qui ont réclamé, soit qu'ils n'eussent eu aucune
dette, ou que dans l'espoir que leurs dettes n'excé-
deraient pas la valeur de ce qui leur était rendu ;
mais si au lieu de leur donner leur vraie part dans
le milliar, on ne leur accorde que dix-huit fois le
revenu ou le prix de la vente de leurs biens, et
si la somme de ces allocations, au lieu de donner
ce milliar ne donne que 675 ou 700 millions, ou
qu'à peu près les sept dixièmes de ce milliar, ils
se trouvent alors tous lésés d'environ trois dixièmes
sur leur part et portion dans ce milliar, parce que
700 millions ne sont que les sept dixièmes d'un
milliar ; alors si celui qui n'a aucune dette ne reçoit
qu'à peu près le tiers de ce qu'il possédait ; comment voulez-vous que celui qui devait même un
peu moins que le tiers de ce qu'il possédait puisse
s'acquitter de ce dont il reste chargé ? C'est par ce
motif qu'il est de notoriété publique à tout Nancy,
que mon beau-frère, le comte de Tonnoy, qui
jouissait d'une brillante fortune avant la révolution,
mais accompagnée d'un peu moins de dettes que
le tiers de son avoir, est mort de chagrin très-peu
de jours après qu'on lui a servi un bordereau en
débet assez conséquent, et cela malgré tous mes
efforts pour lui persuader que sa part dans une
remanence qui devait nécessairement exister, pour
ne pas risquer d'excéder ce milliar dans une première distribution, le mettrait probablement dans
le cas d'acquitter ses dettes même avec un certain
bénéfice.

D'après cet exposé, il est aisé de sentir combien
la remanence est doublement importante, sur-tout
pour les émigrés qui devaient près du tiers de leur
avoir ; vu que leur part dans cette remanence,
peut constituer tout ce qu'ils retireront d'effectif du
milliar accordé, et par conséquent combien il est
essentiel pour eux qu'elle soit distribuée avec une

stricte équité, d'abord tant par des motifs de rigoureuse justice auxquels se joignent en outre des sentimens d'humanité. C'est pourquoi j'ai lieu d'espérer
de la législation et du gouvernement actuel, qui
ont encore plus de pouvoirs que les juges et les
tribunaux dont nous avons établi les droits en vertu
d'une saine jurisprudence; qu'alors conformément
aux vœux émis dans ma requête, le Roi, les deux
Chambres et le Ministre actuel, auront la bonté de
rectifier les vices de rédaction qui se sont introduits
par mégarde dans la loi de l'indemnité, en employant
le mot *égal* au lieu de celui de *proportionnel*, dont
dans tel cas on devait faire mathématiquement usage,
et qu'ils interpréteront cette loi d'une manière à en
faire disparaître toutes contradictions, tant avec elle-
même et la stricte équité, par la loi promise qui
doit intervenir à ce sujet.

J'aurais pu terminer mon mémoire par ces con-
clusions, si je n'avais pas voulu profiter de la circonstance pour traiter d'autres objets relatif à l'indemnité, qui ne sont pas moins de la plus grande
importance. J'observerai d'abord que je n'avais nullement besoin du concours de mes malheureux compagnons d'infortune pour donner mon Aratus, dont
ils ignorent peut-être autant l'existence que les heureux effets qu'il a pu produire; vu qu'il est dit dans
un comte oriental, qu'une mouche qui pique un
instant le nez d'un monarque, peut influer à un
certain point sur le sort d'un empire.

Quoiqu'il en soit de cette réflexion, je n'avais
également nullement besoin de leur secours pour
défendre, d'après ma manière de voir et selon la
stricte équité des intérêts qui nous étaient nécessairement communs; j'ai seulement dû éviter tout ce
qui pouvait blesser la justice, et ne rien demander
qui me concerne particulièrement, ou à un certain
nombre seulement, et qui par conséquent puisse
porter un préjudice notable à la masse en général
des émigrés, en proposant des exceptions à l'application de la loi en faveur des uns à l'exclusion des
autres.

Mais il n'en est plus ainsi d'une chose qui est infiniment plus précieuse que ce qu'on nomme or, argent, rang, dignité ; car il s'agit d'honneur, de justice, d'humanité, et des plus nobles sentimens. Alors je ne puis remplir pour mes malheureux compagnons d'infortune, cette noble tâche, ni le Roi même, ni les deux Chambres, sans leur assentiment ; car la loi accordant un milliar d'indemnité à la propriété territoriale dépossédée, on ne peut en détourner l'emploi sans injustice, que du consentement de ceux à qui ce milliar est destiné, d'autant plus qu'ils sont indemnisés fort au-dessous de leurs pertes réelles, c'est-à-dire, des trois cinquièmes du tiers de leurs propriétés seulement territoriales.

Mais comment ne serais-je pas sûr d'obtenir cet assentiment de leur part ? ils ont sacrifié à l'honneur, aux plus justes et nobles sentimens, leur fortune, leur vie ; le malheur et l'infortune n'ont eu jusqu'alors aucune prise sur eux, ils sont sortis de ces différentes épreuves purs comme l'or qui découle du creuset, ils n'en sont devenus eux-mêmes que plus sensibles aux malheurs de l'humanité, qu'ils ont été eux-mêmes plus infortunés ; ils ont donc été, ainsi que moi, péniblement affectés de voir qu'il n'y avait que la propriété territoriale d'indemnisée, je les ai vu à ce sujet partager mes regrets ; je ne suis donc point directement l'auteur de la proposition que je vais faire ; loin de m'en faire honneur, je ne me rends à quelques égards que leur écho et je n'ai tout au plus d'autre mérite que d'avoir cherché et trouvé un mode propre à accomplir le plus cher de leurs vœux au moyen d'un très-léger sacrifice de leur part.

Car ils n'ont pu ni voulu oublier de fidèles domestiques qui ont servi leurs maîtres, les ont nourri, souvent du travail de leurs mains dans l'émigration, et qui sont à différentes fois rentrés en France et ont exposé leur vie pour leur rendre les plus importans services et leur procurer quelques secours ; des sous-officiers et de simples soldats, qui ont suivi leurs chefs, ou qui se sont émigrés d'eux-mêmes ;

nombre de personnes de tous âges et de différens
états, qui se sont également expatriés ; des ecclé-
siastiques qui ont perdu leur cure et leur mobilier
également pour émigrer : ces personnes né possédaient ni droits féodaux, ni seigneuries ; ils n'étaient
point affectés de ce qu'on nommait dans le tems le
vice d'origine, ils n'ont été mus que par le seul
motif de rester fidèles à la religion, aux lois antiques et sacrées de leurs pères et à la légitimité. Nous
les avons vu pour la plupart combattre et mourir
à nos côtés pour la même cause que nous ; ils ont
tout perdu et avaient tout à gagner s'ils eussent
embrassé le parti de la révolution ; les uns seraient
peut être devenus Consuls, Sénateurs, Maréchaux
d'Empire, Evèques, Cardinaux ; mais loin de là,
ils se trouvent, pour la plupart dans leur vieillesse,
accablés d'infirmités et de misère.

Alors repoussons avec indignation l'avilissement
qu'on nous propose de recourir à l'arbitraire, à la
faveur et à l'intrigue, pour nous disputer une remanence d'environ 325 millions ; et plutôt que de
nous livrer à une telle infamie, supplions le Roi et
les deux Chambres, qu'il soit détaché de cette remanence 20 ou 25 millions convertis en rentes via-
gères à sept pour cent, afin de compléter tous les
indemnisés au-dessous de 300 francs jusqu'à cette
valeur, ainsi qu'à faire jouir de cette rente viagère
tous les vrais émigrés qui n'auraient aucune part
au milliar accordé, et que le reste de cette remanence, consistant environ à 300 millions, soit distribuée à ceux auxquels elle appartient de droit, au
marc le franc, à raison de ce que chacun a perdu,
selon les principes que nous avons déjà ci-devant
posés, et sachons tirer, de la démoralisation et de
l'avilissement où on voulait nous plonger, un nouveau
titre de gloire ; car c'est lorsque l'on est malheureux
soi-même, qu'il est plus grand, plus beau de faire
des sacrifices et de se livrer à des sentimens de justice et d'humanité. Par un tel acte, nous mon-
trerons que nous n'avons jamais cessé d'être français
et digne de l'être, nous imiterons notre Roi, qui

n'a pas craint d'épuiser sa cassette pour, en attendant, venir au secours d'une partie de ceux qui sont aujourd'hui indemnisés et de nombre d'autres qui sont privés de toutes indemnités ; mais il n'a pas pu satisfaire à tous. Bien plus, de quelles précautions n'a-t-il pas été dans le cas d'user pour obtenir une indemnité? il a dû attendre que les fausses préventions, l'aigreur et l'esprit de parti s'éteignissent insensiblement par l'effet de la restauration, il n'a pas osé demander de prime-abord une indemnité en faveur des émigrés, il a cru ne pouvoir la solliciter que généralement en faveur de la propriété foncière spoliée, que par le motif de légitimer la vente de toutes les propriétés seulement garanties, et qu'en faveur des créanciers d'émigrés non acquittés par les ci-devants gouvernemens révolutionnaires ; encore pour trouver moins d'opposition a-t-il cru nécessaires qu'ils devinssent nominalement acquittés de la valeur de leurs créances, quoiqu'il ne soir rendu à l'émigré que les trois cinquièmes du tiers de la valeur du gage qu'il avait donné? voilà pourquoi j'ai borné à 20 ou 25 millions le sacrifice que je propose, sans quoi je l'aurais proposé bien plus considérable.

Ne m'en voulez donc pas, mes chers compagnons d'infortune, si je n'ai pas porté plus haut le sacrifice auquel je vous engage; d'ailleurs vous avez sans doute vu que j'ai démontré que la remanence était pour nombre d'émigrés, qui sur-tout avaient plus ou moins de dettes, tout ce qu'ils pouvaient espérer du milliar qui leur est accordé, et que pour d'autres elle pouvait seulement les mettre à même d'acquitter leurs dettes non totalement payées par le prix de dix-huit fois le revenu ou le prix de la vente de leurs biens. Enfin, si vous vous réunissez à voter cet acte de bienfaisance, de justice et d'humanité, alors après que le Roi et les deux Chambres auront rectifié les vices de rédaction qui se sont introduits dans la loi de l'indemnité, en l'interprétant d'une manière conforme à son véritable esprit, et en l'appliquant d'une manière conforme à la stricte équité et aux principes reçus en mathématiques ; vous aurez concourru par un léger sacrifice à donner à la loi de l'indemnité déjà un grand degré de perfectionnement dont elle était susceptible , sans sortir des limites où des circonstances impérieuses l'ont circonscrite ; et par là vous aurez concourru à éterniser le nom du Roi et celui de la France , de manière à les faire passer avec gloire jusqu'à la postérité la plus reculée.

Maintenant il n'est plus question que de fixer de rechef et encore avec plus de précision ceux qui auroient droit seulement personnellement à la rente viagère résultant du placement de ces 25 millions.

1.° Tous les émigrés indemnisés à moins de trois cens francs de rente, et qui sont rayés par l'amnistie accordée par Bonaparte, et qui ont leur titre d'amnistie , parmi lesquels sont compris ceux qui sont restés exilés et qui ne sont rentrés qu'avec Louis XVIII ; ce qui vaut mieux que de recourir à la fameuse liste des émigrés , vu qu'un grand nombre étaient mal à propos portés sur cette liste, et s'en sont fait rayer en rentrant dans leurs biens.

2.° Tous les émigrés qui n'avaient que du mobilier , aucun bien fonds et seulement des créances sur l'État , et généralement tous les émigrés indemnisés à moins de trois cens francs de revenu annuel , mais ces derniers ne recevraient qu'une rente viagère bornée à faire le complément de ces 300 francs de revenu.

Maintenant seraient exclus d'avoir part à cette rente viagère , tous les émigrés ayant reçu plus de 300 francs d'indemnité ; tous ceux qui ont reçu une égale ou plus forte retraite de services , ou une plus forte pension sur la cassette du Roi.

Or, vingt-cinq millions à sept pour cent donneraient un revenu viager de 1,750,000 francs , qui, divisé par 300 , donne lieu de doter à ce taux 5833 individus.

Mais il est facile de voir que cette partie de la remanence concourrait à adoucir le sort de plus de dix mille individus , attendu que tout indemnisé net de 3oo francs, et que tout pensionné sur la cassette du Roi, ou pour retraite depuis la valeur de 3oo fr. en seraient exclus ; de sorte que ceux déjà indemnisés de 25o francs de revenu n'auraient une rente viagère que de 5o francs, et ceux de 2oo francs n'auraient qu'une rente viagère de 1oo francs, ainsi de suite, pour être tous mis au taux de 3oo francs, également pour le minimum commun aux faiblement indemnisés, et à ceux qui ne l'ont été d'aucune manière et qui n'auraient reçu ni retraite ni pension.

Nous ne prétendons pas aggraver le sort des émigrés retraités, ni celui de ceux qui jouissent des bienfaits du Roi ; mais il n'est pas juste qu'ils viennent diminuer ce qui doit revenir spécialement à des malheureux qui n'auraient été jusqu'ici l'objet d'aucune justice et de la plus légère faveur.

Il nous reste à considérer quel serait encore le sort de la propriété territoriale foncière, après qu'elle se serait déterminée à ce sacrifice ; car ayant reçu 675 millions, si on retranche 375 millions pour les dettes non-acquittées par les ci-devants gouvernemens révolutionnaires, et autres encore dues, on peut calculer à vue d'œil, sauf vérification, qu'elle n'a mis dans son porte-feuille jusqu'ici que trois cent millions de biens net, à cause des dettes qu'elle a été obligée d'acquitter sur ces 675 ou 68o millions de délivrés, il lui reviendrait donc en masse autant qu'elle a réellement empoché. Ceci ne peut s'appliquer individuellement en raison qu'une propriété était plus ou moins affectée de dettes ; mais malgré cela je crois que chacun aurait lieu, quoiqu'on en dise, d'être plus que satisfait, sur-tout si la distribution de la remanence, réduite environ à 3oo millions, était faite sans aucun frais et en vertu d'une simple règle de trois, c'est-à-dire, en raison de dix-huit fois son revenu ou du prix de la vente des biens qu'on a perdu. Je ne crains donc autre chose que de ce que ma proposition ne soit désapprouvée de mes dignes compagnons d'infortune, qu'à cause de sa modicité ; mais alors je m'en consolerais avec joie, et je souscrirais à ce qu'ils croiraient devoir accorder de plus, et sans avoir part à ce que je propose, j'y contribuerais volontiers du double s'il le fallait.

Je sais que d'après les principes de droit, à la suite d'un naufrage, il appartient à chacun ce qu'il a pu sauver; mais en attendant n'est-ce pas un devoir prescrit par l'honneur et l'humanité de ne pas laisser périr de faim ses malheureux compagnons d'infortune, qui n'ont pu sauver dans une telle circonstance que leur propre vie ? c'est sur ce motif que j'ai cherché à concilier ce qui doit s'allier à une sorte de justice et les droits de l'humanité.

Or, comme je l'ai dit, pour que l'opération que je propose puisse avoir lieu avec justice, il faut le consentement de tous les émigrés, mais il peut être pris et accordé par l'intervention du Roi et des deux Chambres. Il suffit donc pour cela de faire la liquidation de la remanence sous deux points de vue, savoir : pour ceux qui consentiraient à la susdite proposition sur le pied de 25 millions de moins que cette remanence ne porte, et une deuxième pour tous ceux qui n'adhéreraient pas à cette proposition, en leur accordant leur part intacte dans la valeur totale de cette remanence : ceci consisterait dans une double règle de trois, deux simples traits de plume de plus pour le bordereau de chaque indemnisé, où il verrait de clerc à maître son sacrifice, avec la faculté d'y consentir, et c'est ce qui peut être ordonné par le Roi et les deux Chambres; quoique cependant il puisse dépendre de la seule volonté du Ministre des Finances de faire cette proposition que personne du reste ne serait forcé d'accepter, mais encore une fois qui pourrait s'y refuser.

Passons maintenant à un objet non moins essentiel. Il est bon d'observer que les vices de rédaction qui se sont furtivement introduits dans la loi de l'indemnité, doivent nous mettre en garde contre d'autres vices qui peuvent être encore de plus grande conséquence; car la Gazette de France, quand elle était ministérielle, nous dit bien que la délivrance faite jusqu'ici, où presque toutes les liquidations sont finies sur le pied de dix-huit fois le revenu ou le prix de la vente des biens, est de 675 millions, ce qui peut la porter tout au plus à 680 ou à 700 millions lorsqu'elles seraient toutes terminées ; mais n'aurait - on pas par mégarde ou par inadvertance et contre le vœu et l'esprit de la loi compris dans cette délivrance de 680 ou 700 millions toutes les dettes ci-devant acquittées par les gouvernemens révolutionnaires à la décharge des émigrés ? car qui a commis une erreur aussi forte que celle que nous avons d'abord signalée en employant le mot *égal* au lieu de celui de *proportionnel*, qui devait le remplacer, peut à plus forte raison bien en commettre une plus grave et d'un autre genre, d'autant plus facile à s'introduire dans l'application de cette loi, qu'en comptabilité ordinaire, rien n'est plus naturel que de donner pour argent comptant valeur délivrée à quelqu'un les dettes qu'on aurait acquittées à sa décharge, et que de les porter pour argent comptant au nombre des délivrances. Mais ces principes ne peuvent être applicables aux circonstances dont il s'agit ; car c'est un axiome de droit que donner et retenir ne vaut ; de sorte qu'ici ce serait le gouvernement ou la nation qui donnerait d'une main et retirerait de l'autre. D'ailleurs le premier article de la loi dit, qu'un milliar est affecté à l'indemnité, sans qu'il puisse rien y être ajouté et par conséquent rien retranché ; ce qui est conforme à la fin de l'article 9 du titre second, où, après avoir fait une longue énumération des retenues à faire, il est dit que, quelque soit le montant de ces réductions, elles ne peuvent diminuer la totalité du milliar affecté à l'indemnité.

Effectivement le cas dont il s'agit n'est plus un objet de pure comptabilité ; car si l'on portait au compte de l'indemnité les dettes que les ci-devans gouvernemens révolutionnaires ont acquittées à la décharge de chaque indemnisé, il faudrait aussi faire entrer dans ce compte tout le mobilier et les dettes actives que ces gouvernemens ont confisqués sur les émigrés, et à coup sûr il y aurait plus que compensation. Ces retenues et réductions ne sont donc faites que pour maintenir l'équité entre les indemnisés, afin qu'ils ne puissent avoir une part au milliar accordé au-delà de la proportion relative à leurs pertes réelles ; car celui qui avait 300,000 fr. de propriétés et 100,000 de dettes, n'a réellement perdu que 200,000 francs de propriétés réelles , et ne peut être indemnisé pour 300,000 , et celui qui a déjà reçu des à-comptes sur la partie foncière pour pour laquelle il est indemnisé ne peut l'être doublement pour ce qu'il a déjà reçu à compte de sa perte ; celui qui est rentré dans son bien par rachat ne peut être indemnisé que de ce qu'il a donné pour y rentrer , et c'est ce qui constitue sa perte réelle.

Néanmoins si contre toute vraisemblance une telle erreur avait été commise de la part de M. de Villèle , de combien ne serait pas plus essentielle et forte la remanence, et ne mettrait-elle pas dans le cas de venir avec plus de facilité au secours des malheureux qui n'ont aucune part à l'indemnité accordée ? Ainsi notre observation , quoique dénuée de probabilité , est une chose essentielle à vérifier et que nous ne pouvions nous dispenser de faire, d'autant plus que si le montant des dettes acquittées par les ci-devans gouvernemens révolutionnaires pour le compte des émigrés , figuraient comme délivrances réelles dans ce milliar , ce qui serait injuste, elles devraient au moins rentrer dans les mains du gouvernement, en déduction des délivrances réelles de la totalité de ce milliar.

Il a été aussi question de faire supporter aux malheureux indemnisés les frais de liquidation de ce qui leur était accordé sur la remanence non encore employée du milliar qui leur était destiné ; mais cette proposition a été repoussée presqu'à l'unanimité , comme on pouvait s'y attendre , sur-tout de la part de la Chambre actuelle des Députés , vu que les indemnisés auraient pu faire entr'eux cette liquidation avec non moins de justice et d'économie que M. de Villèle, si on leur eût procuré les documens nécessaires pour établir cette liquidation ; de sorte que M. de Villèle s'en étant bénévolement chargé, ce n'était plus le cas de mettre les frais de cette liquidation sur le compte de l'indemnité, d'autant plus que le gouvernement a plus gagné que perdu en se chargeant des frais de cette liquidation; car s'il s'est contenté de la simple réclamation en indemnité faite sur papier libre, combien n'a-t-il pas exigé de pièces à l'infini en papier timbré et contrôlé pour la justification de cette demande avant de pouvoir recevoir son bordereau définitif; d'ailleurs une remanence d'environ 3oo millions non délivrés a dû produire successivement des intérêts considérables pendant cinq années pour cause de non délivrance; mais en outre il était du génie transcendant de M. le comte de Villèle, de tirer de cette indemnité les moyens de mettre le gouvernement à même de procurer des sommes énormes dont il disposerait à son gré.

C'est pourquoi M. de Villèle a demandé que pour effectuer le paiement de l'intérêt de l'indemnité, il lui soit ouvert un crédit à cet effet six mois et un an avant que de s'en acquitter : c'est-à-dire, la faculté de prélever sur le trésor, le 22 Juin 1825, ce qu'il n'était obligé d'acquitter que le 22 Décembre 1825 et le 22 Juin 1826. ainsi successivement d'année à autre; et ce sans doute dans le but de faire valoir cet argent dans le commerce au moins à cinq pour cent au profit de l'Etat : ce qui pour la première année a dû produire 225,ooo fr; pour la deuxième année 450,ooo francs; pour la troisième année 675,ooo francs; et doit donner pour la quatrième année 9oo,ooo francs, et pour la cinquième année 1,125,ooo francs, ainsi de suite pour chaque année; ce dernier taux jusqu'au remboursement de ce milliar : car qui dit crédit ouvert à telle époque, donne la faculté de puiser dans le trésor la somme déterminée pour en faire aussitôt tel usage il juge à propos, sauf ensuite à en faire l'emploi prescrit à une autre époque fixée par la loi même de l'indemnité; tel a donc été le but de M. de Villèle, et ce qu'il n'a pas manqué d'exécuter, puisque la loi lui en accordait la faculté; autrement il aurait donné une toute autre tournure à cette loi, par laquelle il aurait été simplement dit : pour satisfaire à l'intérêt

(51)

accordé au capital de l'indemnité, le budjet pour la première année sera augmenté de six millions et il sera prélevé sur la recette de cette année six millions dont trois millions payables à Noël 1825 et à la Saint Jean 1826; pour la deuxième année, le budjet sera accru de douze millions, délivrables aux indemnisés le 22 Décembre 1826 et le 22 Juin 1827, ainsi de suite d'année à autre, en accroissant ce budjet définitivement de trente millions depuis la cinquième année jusqu'au remboursement de cette rente, pour que la délivrance en soit faite aux époques ci-dessus déterminées; mais alors ceci n'était plus ouvrir un crédit ou établir une disponibilité à l'avance, c'était accorder au Ministre des Finances de s'acquitter sur les recettes de l'année 1825, à Noël de trois millions d'intérêts et d'une valeur pareille à la Saint Jean 1826, ainsi de suite, et non de prélever ces deux sommes pour n'en faire usage que six mois et un an après.

Le Ministre n'a donc pu être autorisé par la loi à ce prélèvement que pour le faire valoir au profit de l'Etat, ainsi successivement en croissant d'année à autre jusqu'à la valeur de trente millions.

Alors quelles ressources immenses ceci à la longue ne doit-il pas mettre entre les mains du gouvernement, sans qu'on puisse dire que cela augmente les charges de l'Etat au-delà de ce qui est porté par la loi : ceci, on doit le dire, fait honneur à l'extrême sagacité et à la bonne-foi de M. de Villèle ; car il n'avait pas besoin de ce crédit ouvert à telle époque déterminée, avant qu'il ne soit tems de l'effectuer, pour faire valoir cet argent à son profit comme tour de bâton, tel que se le permettent quelquefois certains Ministres, en faisant valoir les sommes restées disponibles de leur caisse, à leur profit, et auquel on n'en demande aucun compte, quand du reste ils paient aux époques fixées ce qui est dû par l'Etat. Mais il paraît que M. de Villèle a voulu se mettre à l'abri d'un tel soupçon, en s'obligeant à rendre compte de ces sommes reçues six mois et un an à l'avance de l'époque à laquelle il était obligé de les acquitter, et de faire de ces différens objets une ressource pour le gouvernement, afin qu'il puisse en disposer de la manière juste et convenable qui lui conviendrait le mieux.

Or, pourrait-on faire un plus noble et plus digne usage de ces différentes sommes émanant de l'indemnité, qu'en faveur des émigrés qui n'ont aucune part à l'indemnité, et qui ont perdu toutes leurs créances sur l'Etat sans en être indemnisés ; et c'est ce qu'en outre l'humanité seule réclame pour ceux qui n'avaient d'autre fortune que ces créances ; de sorte que par un tel acte on donnerait tout à la fois un nouveau et deuxième degré de perfectionnement à la loi de l'indemnité.

Alors les bénéfices des cinq premières années donnant 3,375,000, auxquelles il faut ajouter les intérêts des intérêts ; dans ceci ne sont pas compris ceux des retards de délivrances lorsque l'on ne trouvait pas les pièces en règle, et puis ajouter à cette première somme de 3,375,000 francs à chaque année 1,125,000 francs jusqu'au remboursement total du milliar, alors seulement pendant dix ans il y aura de quoi adoucir le sort des émigrés qui n'ont aucune part à l'indemnité, et qui n'avaient pour toute fortune que des créances sur l'Etat. Ceci presque seul suffirait pour adoucir le sort de tous les émigrés qui n'ont aucune part à l'indemnité, sans recourir au 25 millions que j'ai proposés ; mais les pauvres malheureux périssent de faim et de misère, car ils n'ont pas le tems d'attendre, il est urgent de venir à leur secours.

Or, comme nous avons dans cet instant un Ministre qui heureusement n'a pas besoin de s'enrichir, et dont les lumières, la délicatesse et la sagacité ne le cèdent en rien à qui que ce soit, nous ne pouvons qu'en espérer le plus heureux résultat, pour donner à la loi de l'indemnité et à son application tout le perfectionnement dont elle est susceptible.

Mais puisqu'il s'agit d'indemnité, avant de quitter cet objet, qu'il nous soit permis d'exposer qu'il ne tient qu'aux deux Chambres de donner à cette loi le plus haut degré de perfection, sans cependant sortir des limites où elle se trouve circonscrite, et par là même de contribuer de la manière la plus efficace à l'amélioration de nos institutions.

Le Roi n'est-il pas le premier d'entre les émigrés ? Henri IV n'a-t-il pas ajouté à la couronne de France 40 millions de revenus, cependant il n'était qu'un roitelet en comparaison de Henri III, auquel il a succédé, et qui jouissait de domaines royaux pour au moins 100 millions de revenus ? alors pourquoi ne pas indemniser le Roi et sa couronne autant que possible de cette perte dans la même proportion à peu près que les autres émigrés, puisqu'on peut le faire sans aggraver d'un sou les charges de l'Etat ? car il n'est question que de faire disparaître une liste civile qui n'était qu'une indemnité provisoirement nécessaire, en attendant que le Roi soit mis par ses propres facultés dans le cas de soutenir le poids et l'éclat de sa couronne, et que de remplacer cette liste civile par une rente de même valeur, dont le capital serait de trois pour cent d'intérêt sur le grand livre de la dette publique, laquelle serait hypothéquée en premier ordre sur chaque département en raison de leurs revenus ou de leurs rapports annuels ; de sorte que si par évènement la France venait par la suite à perdre un ou plusieurs départemens, les revenus et la propriété de la couronne se trouveraient réduits dans la même proportion ; et que si par contre la France venait par des circonstances à accroître son territoire, les revenus de la couronne seraient aussi dans le cas de s'augmenter dans la même proportion, 1.º pour mieux indemniser le Roi que les circonstances actuelles ne l'ont permises, et 2.º afin de le mettre à même de soutenir avec plus de facilité les charges et la dignité de sa couronne.

Or, que pourrait-on opposer à cette proposition, aussi simple que juste et naturelle ? Ce ne peut être les principes d'un lord anglais, exposés dans une petite brochure à l'abbé Mably, concernant le gouvernement représentatif, en vertu desquels il prétend

qu'on ne peut trop brider le Roi et son gouvernement, en se réservant la faculté de voter l'impôt,
afin qu'il ne puisse entraîner la nation dans une
guerre et des dépenses étrangères à ses intérêts. Le
Roi de France n'a point de Hanovre à défendre ou
à agrandir, il n'a que des intérêts communs avec
la France ; d'ailleurs la Charte a pourvu à tout ce
qui est nécessaire et relatif à cet objet, puisque les
deux Chambres votent l'impôt ; surveillent son emploi ; et elles commettraient une grande faute, et
mettraient l'Etat en péril si elles refusaient ce qui
est nécessaire à sa sûreté et à son maintien. Tout
l'essentiel, c'est que les revenus du Roi en France
soient absolument distincts et séparés de ceux de
l'Etat ; que le Roi sous aucun prétexte ne puisse
se les approprier, et que les impôts nécessaires uniquement aux besoins de l'Etat ne puissent être employés à tout autre usage que ceux pour lequel ils
ont été votés et sont destinés. Ainsi toutes objec-
tions contre ce que nous venons d'émettre, ne peut
donc partir que d'un reste d'idées révolutionnaires
très-dangereuses, en ce qu'elles sont opposées à la
nature du gouvernement représentatif ; afin de tenir
dans une sorte de dépendance l'Être nécessaire auquel il doit être accordé un pouvoir et une indépendance convenables qui puissent le mettre à même
de nous protéger.

Penser et agir autrement c'est tendre à la pure
république, et ce n'est plus être vraiment royaliste
constitutionnel ; c'est élever des méfiances et faire
naître des mécontentemens tout à la fois qui peuvent
avoir les suites les plus funestes, d'autant plus qu'il
ne peut être de l'honneur et de la dignité de la
France, d'avoir un Roi qui ne jouirait pas de toutes
les attributions qui doivent relever son caractères,
vu sur-tout qu'un Roi ne doit jamais rien recevoir
de qui que ce soit et sur-tout de ses propres sujets ;
de sorte qu'il ne doit jamais tendre la main que
pour verser des bienfaits et exercer sa générosité.
D'ailleurs un Roi dont la liste civile à chaque renouvellement de règne peut être réduite à la volonté

des deux Chambres, selon leur bon plaisir, n'est-il pas un Monarque dont l'existence est à quelques égards précaire et dépendante.

Jusqu'à quand sous le titre pompeux de liste civile, qui n'est dans l'esprit de quelques-uns qu'un pur salaire, voudriez-vous avilir la royauté? consultez la justice, l'honneur, votre intérêt alors dans cette liste civile, vous ne lui rendez ainsi qu'aux émigrés qu'une très-faible partie de ce qui lui appartient; faites donc que sous aucun prétexte on ne puisse lui arracher ce qui lui est dû comme légitime propriété.

Autrement si vous ne faites pas votre Roi tout ce qu'il doit être, comment voulez-vous qu'il puisse efficacement protéger ses enfans les uns contre les autres et le faible contre le fort, selon les principes de la naturelle équité? faites donc en sorte qu'il ne puisse être porté la moindre atteinte à un pouvoir convenable et nécessaire et à sa dignité et à sa propriété : vous reconnaissez le Roi inviolable dans sa personne, cela est de votre intérêt, sans quoi il serait sans cesse compromis et ne pourrait exercer sa justice; mais cela ne suffit pas, il faut qu'il puisse aimer la constitution et qu'elle ne puisse léser ses droits et légitimes intérêts et qu'il soit absolument indépendant pour qu'il puisse faire le bien et réprimer le mal, ainsi que tout esprit de partis et de faction.

Je suis loin de vous proposer de faire de votre Roi une sorte de divinité qu'on encense de vaines paroles et viles courbettes, de manière à blesser sa modestie; de sorte que dans tel cas il devrait même sentir que c'est l'offenser gravement tant qu'on n'a pas réussi à le démoraliser et à lui faire oublier qu'il est homme. Du reste prévenez qu'on ne puisse faire le mal en son nom, rien n'est si juste dans son intérêt et les vôtres; punissez sévérement les hommes qui ont abusé du pouvoir qui leur est confié, mais n'ôtez pas au Roi la faculté de faire le bien, qui est le plus beau et plus cher de ses apanages.

Il ne convient pas que notre Roi ne se trouve

uniquement en place que pour éviter qu'un autre s'empare du trône d'une manière illégitime, et ce afin d'éviter des guerres civiles ; notre Roi a des fonctions plus augustes encore à remplir, et il convient absolument qu'un Roi dans une monarchie tempérée jouisse de toute l'indépendance et de tout le pouvoir qui dérivent d'un tel gouvernement ; car si sa propriété ne lui est pas garantie, comment voulez-vous qu'il garantisse celles des autres ?

Il suffit de se convaincre dans un tel cas de la nécessité d'un Roi, pour qu'on ne puisse lui refuser toutes les attributions que rend indispensable son existence dans la monarchie tempérée ; et par conséquent il s'en suit la convenance et la nécessité de notre proposition, laquelle, si on voulait, tirerait son principal appui dans la nature et la forme de notre gouvernement actuel ; car si Louis XVI avait donné la charte dont nous jouissons maintenant, aurait-on osé lui demander pour prix d'un tel bienfait de renoncer aux domaines de sa maison et de sa couronne, pour n'être doté que d'une faible liste civile, réductible à chaque renouvellement de règne, selon la volonté des deux Chambres ? Allez donc faire une telle proposition à tous les Souverains qui voudraient faire jouir des bienfaits de notre constitution leurs peuples ? n'est-ce pas leur interdire les moyens et la bonne volonté qu'ils auraient de faire le bien.

Cette liste civile ne doit donc être considérée que comme provisoire en France, en attendant que l'indemnité accordée à la couronne, puisse mettre le Roi à même de la porter encore avec plus de dignité. Il est tout simple qu'un Prince étranger, devenu Roi en Angleterre, conserve son Hanovre ; mais comme cela ne le mettait pas à même de soutenir tout l'éclat et les charges que lui imposait sa nouvelle dignité, il est alors naturel qu'on lui ait accordé une liste civile ; mais ce n'est plus le cas, ni pour la France, ni pour aucun autre royaume, où le Roi voudrait faire jouir son peuple d'une monarchie tempérée ; ce n'est pas là prendre les moyens de l'engager à lui procurer de tels bienfaits. Français, c'est sur-tout dans l'instant où Charles X vient de mettre en pratique cette sublime maxime de ses ancêtres et particulièrement de Louis XIV, qui disait que si la vérité ne se trouvait pas dans la bouche des Rois, qu'alors où pourrait-on la trouver sur la terre; c'est dans ces instans où Charles X vient de donner à tous les Potentats l'exemple de la fidélité qu'on doit à ses sermens, en repoussant avec horreur le despotisme qu'une faction criminelle voulait mettre entre ses mains, qu'il convient de vous montrer à votre tour dignes de votre Roi.

Quel instant plus favorable pour les deux Chambres et le ministère actuel, calomniés par un certain parti et quelques journaux, de vouloir sacrifier la royauté à la démagogie, que de s'en justifier, en rendant au Roi ce qui lui est dû, et ce que d'autres n'avaient pas osé ou n'avaient pas voulu lui accorder.

Unissons-nous donc, sans méfiance et sans arrière-pensée, mais de cœur, d'affection et d'intérêt, avec notre Roi, et soyons royalistes constitutionnels de bonne-foi, si nous voulons qu'il nous chérisse autant que la constitution qu'il nous a donnée et qu'il a juré, et qu'il la maintienne dans toute son intégrité; évitez qu'elle ne puisse blesser ses légitimes intérêts et sa dignité, et cela vaut mieux en tel cas que tous les sermens qu'on peut exiger.

Je me borne ici à ce que je viens d'émettre, pour faire sentir combien ce que je propose est relatif aux améliorations dont sont susceptibles nos institutions; je n'ai pu signaler ici que la vingtième partie de ce qui rend cette mesure aussi convenable que nécessaire; mais si Dieu me prête vie encore quelques instans, c'est ce que je développerai avec un plus grand détail et d'une manière irréfragable, dans un petit ouvrage, où je me propose de traiter du perfectionnement dont est susceptible la nature de la monarchie tempérée, de laquelle nous n'avons encore que des notions très-imparfaites, et c'est seulement alors que nous ferons sentir tous les avantages d'un tel gouvernement pour tout Roi et pour tout peuple, et la préférence qu'il mérite sur toutes les autres formes de gouvernemens qui puissent exister. Ce petit ouvrage est déjà presque terminé, et ne veut qu'être revu et corrigé.

Car le gouvernement représentatif ou la monarchie tempérée exige un certain perfectionnement dont nous n'avons pas encore d'idées complètes, et sans lesquelles il peut devenir le pire de tous, vu que pour peu qu'il soit vicieux et défectueux par sa nature, il est sujet à dégénérer dans une sorte d'anarchie très-couteuse ; sur-tout quand il s'y introduit un manichéisme religieux et politique.

Or, c'est ce qui veut être détaillé plus au long que ne le permet ce mémoire, où nous ne traitons que transitoirement de cet objet, et que d'une manière propre à donner à la loi de l'indemnité toute la perfection dont elle est susceptible, sans sortir des bornes où elle est circonscrite.

Au surplus, nous ne devons pas laisser au Roi de proposer ce qui est dans le cas de le concerner ; c'est ce qui doit être demandé par une pétition aux Chambres, et appuyé par elles si elles le trouvent convenable : tel est le motif pour lequel je convertis la fin de ce mémoire en pétition relativement à cet objet, non envers le Roi, mais envers les deux Chambres.

NOTA.

Il est bon d'observer que la faible esquisse que nous avons donnée de la perversité des vues et de l'étendue des facultés d'Ariman ou de l'esprit révolutionnaire non encore entièrement éteint en France, n'est qu'un moyen propre à faire ressortir toutes les difficultés qu'avait eu à surmonter Orosmas ou le Roi, et ce qu'il y avait de plus respectable dans les deux Chambres, pour obtenir une loi non telle qu'ils l'eussent desiré, mais telle que les circonstances pouvaient leur permettre de l'espérer, afin de prévenir qu'Ariman ne la fasse retirer ou ne la fasse rejeter, ce qui aurait rendu à jamais comme non avenue le bien que malgré cela ils en attendaient. C'est pourquoi nous nous sommes borné à demander la simple rectification des vices d'expression qui mettent une contradiction palpable entre les principaux articles de cette loi, et avec la stricte équité et les principes reçus en mathématiques, afin de concilier cette loi avec elle-même; ce qui est indispensable, et d'ailleurs très-utile pour l'honneur et dans l'intérêt de la loi même; de sorte que contre ses détracteurs et Ariman même, qui voulaient qu'elle soit défectueuse où elle ne l'était pas, nous lui avons rendu justice toutes les fois que l'occasion s'en est présentée.

Quant à la deuxième amélioration que nous avons proposée, elle est à quelques égards en dehors de cette loi, et Ariman et l'esprit révolutionnaire devraient s'y trouver désintéressés, puisqu'elle ne consiste que dans des sacrifices faits par des émigrés en faveur de leurs malheureux compagnons d'infortune privés de toute indemnité, ce qui est une sorte de réparation de ce qui peut manquer à cette loi pour la rapprocher du perfectionnement dont elle est susceptible à ce sujet.

Quant au troisième degré d'amélioration que nous avons proposé, il n'est qu'une conséquence directe de cette loi qui est resté inaperçue, et qui ne peut que contribuer à la gloire de la France et au maintien de ses institutions.

A METZ, CHEZ PIERRET, IMPRIMEUR.